中国物流管理体制改革理论与实践

交通运输部综合规划司
交通运输部规划研究院 著

人民交通出版社股份有限公司
北京

内 容 提 要

物流业发展在充分发挥市场机制基础性作用的同时离不开政府的促进、引导和支持。本书结合我国物流业发展的阶段特征和管理体制演化规律，提出我国物流管理体制改革的总体思路和主要目标，设定我国物流管理体制的基本框架，制订我国物流管理体制改革的推进方案，为我国物流业的发展创造有利的制度环境。

本书拟解决三大关键问题：我国物流管理体制框架设计的方向和要求；我国物流管理体制框架设计的总体思路和推进路径；我国物流管理体制中交通运输主管部门应发挥的作用。

本书对我国物流管理体制改革既具有重要的理论意义，又具有极强的实践意义，可供交通、物流等相关科研单位或企业从业人员阅读。

图书在版编目（CIP）数据

中国物流管理体制改革理论与实践 / 交通运输部综合规划司，交通运输部规划研究院著 .—北京：人民交通出版社股份有限公司，2021.7

ISBN 978-7-114-17145-1

Ⅰ.①中… Ⅱ.①交…②交… Ⅲ.①物流管理—管理体制—体制改革—研究—中国 Ⅳ.① F259.221

中国版本图书馆 CIP 数据核字（2021）第 045897 号

Zhongguo Wuliu Guanli Tizhi Gaige Lilun yu Shijian

书　　名：中国物流管理体制改革理论与实践
著 作 者：交通运输部综合规划司
交通运输部规划研究院
责任编辑：钟　伟
责任校对：孙国靖　宋佳时
责任印制：张　凯
出版发行：人民交通出版社股份有限公司
地　　址：（100011）北京市朝阳区安定门外外馆斜街 3 号
网　　址：http://www.ccpcl.com.cn
销售电话：（010）59757973
总 经 销：人民交通出版社股份有限公司发行部
经　　销：各地新华书店
印　　刷：北京虎彩文化传播有限公司
开　　本：787×1092　1/16
印　　张：11
字　　数：179 千
版　　次：2021 年 7 月　第 1 版
印　　次：2021 年 7 月　第 1 次印刷
书　　号：ISBN 978-7-114-17145-1
定　　价：80.00 元
（有印刷、装订质量问题的图书由本公司负责调换）

前　言

PREFACE

当前，世界百年未有之大变局加速演进，以国内大循环为主体、国内国际双循环相互促进的新发展格局正加快形成，建设现代流通体系成为我国一项重要战略任务。物流业作为支撑国民经济发展的基础性、战略性、先导性产业，对顺利推进国家重大发展战略，支撑现代化经济体系建设、转变发展方式和改善人民生活具有重要作用。

随着全球物流市场持续扩张以及我国向物流强国不断迈进，物流业将迎来新一轮的重大发展变革。然而，现代化程度不高、质量效益不佳、全球连接能力弱，中高端、体系化、集约式物流服务及供应链服务严重不足等行业发展问题依然突出。提高我国物流资源集约利用效率，需要从根本的物流管理体制着手，破解体制发展障碍和难题，寻求管理体制改革的战略路径。本书正是在这样的背景下应运而生，其研究成果对我国物流管理体制改革具有极强的理论与实践意义。

本书基于世界银行“中国经济改革促进与能力加强项目”中的“中国物流管理体制研究”子项目研究报告，由交通运输部综合规划司、交通运输部规划研究院组织编写，交通运输部规划研究院城市交通与现代物流研究所承担具体编写工作。

本书旨在总结分析我国现行物流管理体制的利弊，充分借鉴美国、欧洲、日本的先进物流管理体制改革经验，结合我国物流业发展的阶段特征和行政管理体制的演化规律，制定我国物流管理体制改革的总体思路和主要目标，提出我国物流管理体制的改革模式，尤其明确交通运输主管部门在促进现代物流发展中的职责，设定我国物流管理体制改革的推进路径，为我国物流业的发展创造有利的制度环境。

本书编委会

2021 年 3 月

目　录

CONTENTS

绪　论

物流业是支撑国民经济发展的基础性、战略性、先导性产业，对于提高经济运行效率和国家竞争力、调整经济结构和转变发展方式、扩大内需和市场繁荣、推进国际化、保障民生等具有重要作用。物流业发展的贡献不仅在于行业企业本身创造的税收、就业等，更在于支撑和促进区域内各相关产业产生更多的税收和就业，有力地推动区域经济较快增长。物流高质量发展是经济高质量发展的重要组成部分，也是推动经济高质量发展不可或缺的重要力量。当前，世界百年未有之大变局加速演进，新冠肺炎疫情对国际格局产生深刻影响，以国内大循环为主体、国内国际双循环相互促进的新发展格局初现端倪。构建高效有序运行的现代物流体系，对顺利推进国家重大发展战略、支撑现代化经济体系建设、转变发展方式和改善人民生活具有重要意义。

（1）国际国内双循环发展格局要求畅通现代物流体系。

①紧抓国际物流发展机遇。未来 20 年，我国的经济体量将会继续扩张，并有望成为世界第一大经济体，工业化进程持续推进，国际贸易稳健增长，我国将成为物流需求增量和物流市场规模最大的国家。同时，随着全球化的纵深推进以及我国"一带一路"倡议的深入实施，我国与世界主要经济体、新兴经济体和发展中国家的经济贸易联系会更加紧密，这为我国物流走向世界，构建连接世界的国际物流体系创造了机遇。《交通强国建设纲要》提出，到 2035 年，我国将基本建成交通强国，基本形成"全球 123 快货物流圈"。加快国际物流发展，不仅要建设与世界衔接的综合交通基础设施网络，打通连接世界的全球物流通道，而且要从培育具有全球竞争力的物流企业，搭建全球物流信息系统，设立全球物流标准，形成全球物流运营和服务体系等多方面来发力。

②推进现代物流体系建设。建设现代流通体系对构建新发展格局具有重要意义。在社会再生产过程中，流通效率和生产效率同等重要，是提高国民经济总体运行效率的重要方面。高效流通体系能够在更大范围将生产和消费联系起来，扩大交易范围，推动分工深化，提高生产效率，促进财富创造。国内循环

和国际循环都离不开高效的现代流通体系。建设现代物流体系，要优化完善综合运输通道布局，形成统一开放的交通运输市场，加强高速铁路货运和国际航空货运能力建设，加快形成内外联通、安全高效的物流网络。培育一批具有全球竞争力的现代流通企业，推进数字化、智能化改造和跨界融合，加强标准化建设和绿色发展，支持关系居民日常生活的商贸流通设施改造升级、健康发展等。紧抓国际物流发展机遇，畅通现代物流体系要求站在全球视野，构建适应全球物流管理需要的新型物流管理体制。

（2）国民经济高质量发展要求现代物流提质增效升级。

物流业一头连着生产、一头连着消费，在市场经济中的地位越来越凸显，它关联生产、流通、消费、人民生活、国际贸易等各个环节，有力支撑了国民经济发展质量和国家竞争能力的提升。改革开放 40 多年来，我国物流业发展经历了根本性变革，尤其是近年来，现代供应链、智慧物流、多式联运、无车承运、共同配送、托盘共享、挂车租赁等新模式、新技术和新业态的加快普及，推动物流业取得举世瞩目的成就，为综合国力增强、人民生活改善和经济体制改革作出重大贡献。总体而言，我国已经成为全球物流大国，物流市场规模稳居全球第一，物流运行环境逐步改善，供给侧结构性改革成效显现，产业经济向高质量发展阶段迈进。现代物流提质增效升级对物流管理体制和管理水平提出更高的要求。

（3）物流资源统筹集约利用能力尚显不足。

随着我国物流降本增效政策的逐步落实，物流业经济效益有所提升，但物流资源统筹集约利用能力尚显不足，物流产业“大而不强”仍是客观事实。当前我国经济已从高速增长向高质量发展阶段转变，社会物流总费用与国内生产总值比率总体稳中下行，但仍处高位，甚至在波动中出现阶段性反弹。就提质增效而言，我国物流业还存在一些短板，核心在于物流资源的组织和运营。目前，我国多数物流资源处于分割状态，同质化、单一化现象较为普遍，需要推进资源整合、要素联动，实现互利共赢。例如，根据《第五次全国物流园区（基地）调查报告（2018）》，实际占地面积 450 亩（约 30 万 m^2）及以下的物流园区约占 50.4%，园区投资总额在 1 亿 ~5 亿元的约占 46.9%，以公路为交通主导方式的约占 80.2%，规模化、集约化的多式联运园区缺乏。

（4）物流管理体制问题制约物流资源优化配置。

我国物流发展系统性和综合性不强，网络化和组织化程度较低，呈现分散、各自发展的态势；基础设施的配套性、兼容性较弱，末端网络薄弱，综合物流枢纽建设滞后。造成上述情况的核心原因在于我国物流业长期处于部门分割及多重管理状态，物流设施、运输装备、运输服务、仓储、货代、配送等分属不同的行业部门管理。如在中央政府层面，物流园区涉及国家发展和改革委员会、交通运输部、商务部等；货运车辆制造涉及工业和信息化部、公安部、交通运输部、国家市场监督管理总局；运输服务监管涉及交通运输部（其内部又涉及国家铁路局、中国民用航空局、国家邮政局）、公安部；仓储涉及国家发展和改革委员会、商务部（进出口业务还涉及海关总署、国家市场监督管理总局等）；货代涉及商务部、交通运输部；配送涉及商务部、公安部、交通运输部；汽车、粮食、大件、冷链、危化品等专业物流所涉及的行业管理部门更多。各个行业主管部门立足各自职责，在市场准入、项目审批、运行监管、标准规范等方面形成了不同的管理规制和行政组织体系，在推进物流业发展方面出台了形式多样的规划及支持政策，导致市场管理的交叉重叠甚至矛盾冲突，难以形成行政合力，极大削弱了对物流业的管理和治理能力。

随着我国经济的持续快速发展，我国已经成为有全球影响力的物流大国和全球最大的物流市场，物流变革深刻影响着国民经济运行绩效。然而大而不强、现代化程度不高、质量效益不佳、全球连接能力弱，中高端、体系化、集约式物流服务及供应链服务严重不足等问题突出。提高我国物流资源集约利用效率，需要从根本的物流管理体制着手，破解体制发展障碍和难题，寻求管理体制改革的可行路径，促进一体化物流发展。

本书的研究正是在这样的背景下应运而生，这对我国物流管理体制改革既具有重要的理论意义，又具有较强的实践意义。它可以丰富我国行政管理体制改革的内容，为我国大部制改革提供参考，也可以促进物流降本增效、提高物流资源配置效率，为建设物流强国奠定基础，同时，对提高我国交通治理能力、建设交通强国具有重要意义。

首先，深化国家行政管理体制改革，推进物流管理现代化。党的十九届三中全会通过《中共中央关于深化党和国家机构改革的决定》，提出要优化党和国家机构设置和职能设置，坚持一类事项原则上由一个部门统筹、一件事情原则上由一个部门负责，加强相关机构配合联动，避免政出多门、责任不明、推诿扯皮。我国物流管理体制研究正是基于国家行政管理体制的改革要求，针对当前多头管理、政出多门的体制机制弊端，寻求破解体制设计难题，提高物流管理效率的合理化路径。本书的研究是对国家行政管理体制理论研究的深化应用和丰富创新，研究成果既有利于提高我国政府的物流管理水平，又可为国家的其他行政管理体制改革提供有益的参考。研究过程中的有关资料和分析结论，对于统一思想认识、形成改革共识、明确改革路径等也将发挥重要的借鉴作用。

其次，改善物流行业运行绩效，建设高水平物流强国。物流是一种综合性的经济活动，涉及国民经济众多部门和领域，物流活动的高效率需要物流各环节之间的有效协调，降低物流活动各环节协调成本。物流业发展需要充分发挥市场机制的基础性作用，但也离不开政府的促进、引导和支持。从全国一盘棋角度，理顺物流领域中市场与政府、中央与地方、部门与部门、地区与地区之间的关系，通过机构和职能的合理调整、权责的合理配置，探索建立高效的物流管理体制，有利于科学制定全国物流发展总体战略和整体发展规划，推动国家物流系统、全球物流体系和物流现代化的建设，有利于统筹全国物流资源的空间布局，防止盲目和重复建设，避免政策碎片化和政策冲突，提高全社会物流资源配置效率。当前，我国物流基础设施网络基本成型，迈向物流强国，要求提高物流运行效率，其中最为关键的手段便是优化我国物流管理体制。

再次，打造连接全球的物流体系，提升产业国际竞争力。物流是全球贸易的支柱，随着物流链日益全球化，国家物流服务质量对提升产业国际竞争力至关重要。根据 2018 年世界银行发布的全球物流绩效指数报告，我国物流绩效指数综合得分为 3.61 分，排名全球第 26 位。其中，基础设施优势明显，但运输效率短板突出，与世界发达经济体相比，我国交通和物流基础设施的大量投入还未能完全转化为物流运输服务质量的提升。我国物流的全球连接能力不强，缺乏国际物流服务标准制定的话语权。一方面，我国国际海运在全球海运市场中控制力弱，国际海运运力规模仅相当于德国、日本的 2/3，外贸进出口海上运输承运仅为其 1/4，对主要国际海运通道影响较小；另一方面，我国国际航空货运网络、国际快递网络、跨境仓储配送体系目前尚处于起步阶段。打造连接世界的全球物流体系是我国产业全球化战略实施的重要支撑，而打造全球物流体系要求高水平的物流管理和一流的物流治理能力，我国物流管理体制改革要站位全球视野也是当下我国产业全球化和物流高质量发展的必然要求。

本书旨在总结分析我国现行物流管理体制的利弊，充分借鉴美国、欧洲、日本的先进物流管理体制改革经验，结合我国物流业发展的阶段特征和管理体制演化规律，提出我国物流管理体制改革的总体思路和主要目标，设定我国物流管理体制的基本框架，尤其明确交通运输主管部门在促进现代物流发展中的职责，制订我国物流管理体制改革的推进方案，并给出相应的政策建议，为我国物流业的发展创造有利的制度环境。本书拟解决三大关键问题：

（1）我国物流管理体制框架设计的方向和要求。结合我国行政管理体制改革的特点和现代物流发展趋势，基于对我国物流管理体制现状和问题的分析，借鉴发达国家物流管理体制的经验，明确未来我国物流管理体制设计的方向和要求。

（2）我国物流管理体制框架设计的总体思路和推进路径。针对我国现行物流管理体制的适用性和弊端，在对未来我国物流管理体制框架设计方向和要求分析的基础上，明晰我国物流管理体制框架设计的总体思路，设计科学合理的物流管理体制框架，以及制订行之有效的推进方案。

（3）我国物流管理体制中交通运输主管部门应发挥的作用。交通运输是现代物流的关键环节，在促进现代物流发展中具有重要作用。当前，交通运输行业主管部门在促进现代物流发展中承担了一定的职责，但作用发挥得不够充分。针对我国物流管理体制中多头管理的低效现状，交通运输主管部门应统筹引领，表现出更强的主动性。

本书结合我国物流业和行政管理体制改革的新形势，针对物流管理体制中存在的低效问题，以促进我国物流业高质量发展为目的，聚焦物流业管理体制与机制，提出了以下一些有待实践进一步检验的结论和创新点：

（1）系统梳理了我国物流管理体制的演变历程，全面考察了美国、欧洲、日本等发达国家（或地区）物流管理体制的主要特征，并分析了我国中央和地方层面对物流管理体制改革的新探索，为包含物流管理体制在内的行政管理体制改革研究奠定了良好的研究基础。

（2）提出了建立强化行业管理职能的综合型物流管理体制的构想。该物流管理体制既体现了市场经济的原则，又符合我国渐进式改革的逻辑要求，它与强调“小政府、大市场”和与国际惯例接轨的发展趋势相一致，是替代分散型多部门物流管理体制的必然选择。

（3）重新定位了物流管理体制各政府部门的职能与角色。用综合型物流管理体制替代分散型物流管理体制，实现了由行政主导向行业主导的变革。换言之，行业管理体制占有主体地位，发挥着主导作用，而政府行政管理则处于从属地位，发挥次要作用，由此带来了物流管理体制各构成要素的职能和角色的重大变革，需要重新定位。

第 1 章　中国经济产业与物流业发展

物流业是一个融合多种产业的复杂系统，是推动经济高质量发展不可或缺的重要力量。物流业的先导性地位是我国进入高质量发展阶段、构建新发展格局的重要组成部分，是推动我国经济不断发展的重要力量。因此，了解物流业发展的宏观经济环境、产业变迁环境及行业需求环境，对于寻求我国物流管理体制新的改革路径具有重要意义。

1.1　中国经济产业与物流业发展历程

改革开放以来，我国产业实现了从劳动力要素驱动主导到资本要素驱动主导，再到知识要素驱动主导的升级过程。伴随着国家重大战略的提出与先进经验的实践，我国经济产业与物流业发展呈现出一定的阶段性特征。从产业结构演进看，我国产业发展可划分为初步探索时期、快速发展时期、新型转型时期三个阶段，如图 1-1 所示。

1.1.1　产业结构的变化

（1）初步探索时期。第一产业占比结束了上升过程，开始了持续下降的结构升级过程；第二、三产业占比稳步提升，其中，第三产业中商业、饮食、居民服务、交通运输等领域增长较快。从区域发展看，产业发展重心向东部地区转移，基础设施投资布局也向东部地区倾斜。国际资本的进入以及国内劳动力的大流动，极大地优化了东部地区的要素配置。到 1995 年，东部地区人均 GDP 已经是西部地区的 2.3 倍；到 2000 年，东部地区 GDP 占到全国的 53.5%。

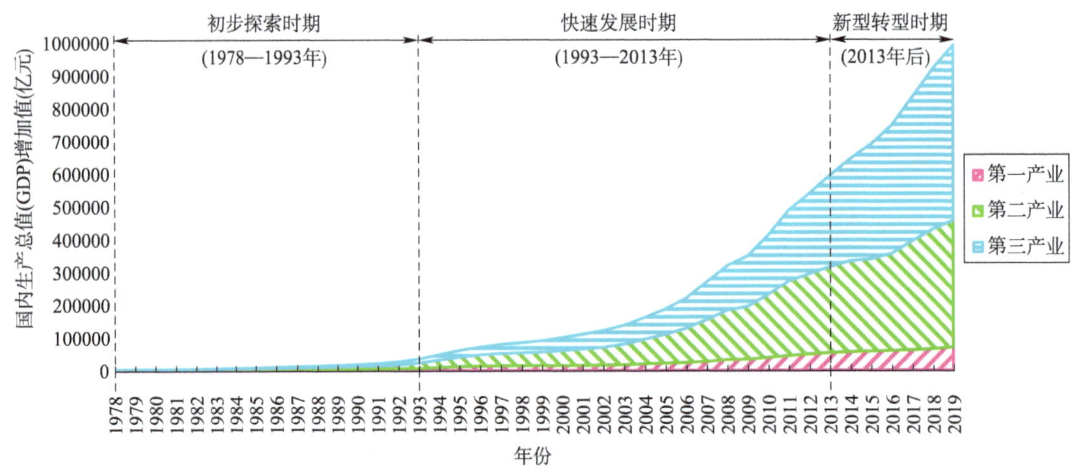

图 1-1　我国产业发展三个阶段

注：数据来源于《中国统计年鉴（2020）》。

（2）快速发展时期。这一时期第一产业 GDP 占比逐年下降，第二产业一直保持了高速发展。1994—2011 年，第二产业对 GDP 的贡献率基本都在 50% 以上，1994 年当年第二产业对 GDP 贡献率高达 66.3%，第二产业 GDP 占比高于 45%，第三产业占比呈现逐年上升趋势。从区域发展看，西部大开发、中部崛起和东北老工业基地振兴区域协调发展战略等一系列重大战略举措纷纷落地，主导了我国产业区域分布格局的变化。东部地区的产业转移成为中西部地区经济增长的主要动力。

（3）新型转型时期。从经济增速看，这个时期已经从 8%~10% 的高速增长区间下降到 6%~8% 的中高速增长区间。我国经济已由高速增长转向高质量发展新阶段。从产业结构看，第三产业占比迅速提升，第二产业和第一产业占比逐步下降。2013 年第三产业占比达到 46.7%，首次超过第二产业占比；到 2015 年第三产业占比超过了 50%，达到 50.2%。第三产业对经济增长的贡献率逐年提高，2015 年和 2016 年分别达到 52.9% 和 58.2%。

1.1.2　物流的三次理论革新

（1）初步探索时期。这一时期物流被看作是企业的第三利润源，强调的是企业物流配送。比如 1999 年 11 月，国家经济贸易委员会与世界银行在北京举办“现代物流发展国际研讨会”，时任副总理吴邦国作了书面讲话，体现了国家领导人对物流新的认识。

（2）快速发展时期。这一时期将物流视作现代流通方式，是现代服务业，对应的是产业综合物流。2003 年 10 月 14 日，中共中央十六届三中全会通过的《中共中央关于完善社会主义市场经济体制若干问题的决定》，把物流纳入全国市场，明确指出，“加快建设全国统一市场，强化市场的统一性是建设现代市场体系的重要任务，大力推进市场对内对外开放，加快要素价格市场化，发展电子商务、连锁经营、物流配送等现代流通方式，促进商品和各种要素在全国范围自由流动和充分竞争”。当时，党中央和国务院把电子商务、连锁经营与物流配送并列为三大现代流通方式，而“物流配送”则成了物流业的代名词。2007 年的《政府工作报告》把物流列为现代服务业的第一位，提出“尤其要发展物流、金融、信息、咨询、旅游、社区服务等现代服务业”，2009 年的《政府工作报告》则首次提出“现代物流”的概念。

（3）新型转型时期。这一时期主要突出现代物流业是国民经济的基础性战略性产业。其基础性主要体现在物流业对国民经济发展的贡献度，其战略性主要体现物流业对国民经济发展的引领度、扩展度。

1.1.3 物流业发展的重大实践

（1）初步探索时期。

1978 年是我国改革开放的元年，也是我国交通运输体制改革的元年。国家工作中心由过去的阶级斗争转移到经济建设上来，开启了“要想富、先修路”的新浪潮，劳动人民当家作主，大大促进了生产力的发展，促使城乡物资交流日趋繁荣。1983 年中央政府为了缓解运力短缺的突出矛盾，在我国实施了开放运输市场，实行“有路大家走车，有水大家行船”“各部门、各行业、各地区一起干，国营、集体、个人和各种运输工具一起上”的运输政策，在较短的时间内，取得了明显的成效。1984 年成立中国物流研究会，开始对物流的相关领域进行理论研究；1988 年成立物资部，与后来的国家内贸部、国家内贸局开启了多方面的物流实践。这期间，物流业得到了国家领导层的高度关注，在总理政府工作报告或国家文件中，出现了“试办为企业服务的原材料配送中心”“物资业要发展代理制与配送制，建立新型工商关系，更好地为经济建设服务”等提法。

（2）高速增长时期。

①政策环境持续向好。2001年，国家经济贸易委员会联合6部委出台了《关于加快我国现代物流发展的若干意见》（国经贸运行〔2001〕189号），成为我国政府发出的第一份物流文件，并开始在全国布局与运作。2004年8月，经国务院批准，国家发展和改革委员会等9部委印发了《关于促进我国现代物流业发展的意见》（发改运行〔2004〕1617号）。2005年2月，经国务院批准，由国家发展和改革委员会牵头成立“现代物流工作部际联席会议”，协调全国物流业发展。2009年全球金融危机爆发，党中央、国务院提出十大振兴产业，英明果断地把物流业作为十大振兴产业之一，印发了《物流业调整和振兴规划》，明确指出“物流业是融合运输业、仓储业、货代业和信息业等的复合型服务业，是国民经济的重要组成部分，涉及领域广，吸纳就业人数多，促进生产、拉动消费作用大，在促进产业结构调整、转变经济发展方式和增强国民经济竞争力等方面发挥着重要作用”，要求到2011年做到“初步建立起布局合理、技术先进、节能环保、便捷高效、安全有序并具有一定国际竞争力的现代物流服务体系”。这一文件对促进我国物流业的快速发展起到了历史性巨大作用。

②制造业物流异军突起。物流业是我国经济发展中一块还未被开发的黑土地，有着广阔的市场空间。2001年底，我国加入世界贸易组织，这成为我国加快物流业发展的助推器。在经济全球化的推动下，充分利用国际产业分工的大调整这一战略机遇，我国进一步与国际接轨，外资企业看到了我国改革开放的巨大红利，纷纷把一些劳动密集型与资本密集型产业转移到我国，到2012年，我国制造业产值已超过美国、德国、日本，我国成为全球制造业中心，物流业亦得到飞速发展。

③物流需求大增。社会物流总值、社会物流总费用、物流增加值的增长速度都在20%左右，远超GDP的增长速度。经济的高速发展对物流的需求量提出更高要求。

④物流市场逐渐细分。我国物流专业化分工加速，钢材、油品、汽车、煤炭、农产品、建材、危化品等产品物流，快运、冷链、电商、应急、配送、金融、货代等功能物流，物流技术与装备物流，会展、培训、研讨会等服务物流得到充分发展。物流企业从少到多、从小到大、从分散到集中，物流市场从无序逐步走向有序。

（3）新型转型时期。

①物流政策环境得到改善。国家高度重视物流业发展，加强对物流业发展的规划，先后出台多项规范、意见。2014 年 9 月 12 日出台了《物流业发展中长期规划(2014—2020 年)》。2016 年全国人大通过颁发的“十三五”规划，进一步提高了对现代物流业的要求。2017 年 8 月 17 日，国务院办公厅印发了《关于进一步推进物流降本增效促进实体经济发展的意见》(国办发〔2017〕73 号)，同年 10 月 13 日国务院办公厅印发了《关于积极推进供应链创新与应用的指导意见》（国办发〔2017〕84 号），把供应链上升到国家层面，这是我国物流业发展的新起点，标志着我国物流业进入新时代。

②主要矛盾升级加速动能转换。改革开放初期，物流业的主要矛盾是经济快速发展的物流需求与物流服务供给不足的矛盾，解决的重点主要是发展物流企业与企业物流。但进入新发展阶段，物流发展的主要矛盾已演变为经济高质量高效率发展对物流的需求与物流发展不充分、不协调、不平衡、不可持久的矛盾。伴随着粗放型经济发展以及产业结构的不合理，物流业同样面临结构不合理、区域与行业发展不平衡、与实体经济融合度差、创新力不足、集中度偏低、全球供应链国际竞争力不强等问题，物流业必须转型发展，从追求规模速度的粗放式增长转为质量和效率集约式增长，从外延扩张向内涵增值深度调整，从要素、投资驱动转向创新、科技驱动及实现动能转换。

③物流平台建设取得重大进展。得益于国家的信息化建设，我国的信息基础网络和实用技术已经能够支持现代物流的信息运作要求，同时，物流基础设施网络逐步建设完善。

④物流技术日益先进，应用日趋广泛。互联网信息平台、电子数据交换、全球定位系统、无线射频识别技术和条码技术等现代信息技术手段在物流管理和物流技术中的广泛应用，使现代物流发展步入新的阶段。

1.2 中国经济产业与物流

1.2.1 中国经济发展与物流

从发展规模看，近年来受世界经济和国际贸易增速放缓，国内经济下行压力大的影响，我国经济发展面临下行压力，但增速回落温和，下行压力整体可控，新动能增长势头依然较好，经济运行总体保持平稳态势。在此背景下，物流运行总体平稳的大趋势没有改变，社会物流总额呈现大规模增长态势。截至2019年，我国社会物流总额达到298.0万亿元，较2007年增长2.96倍，如图1-2所示。

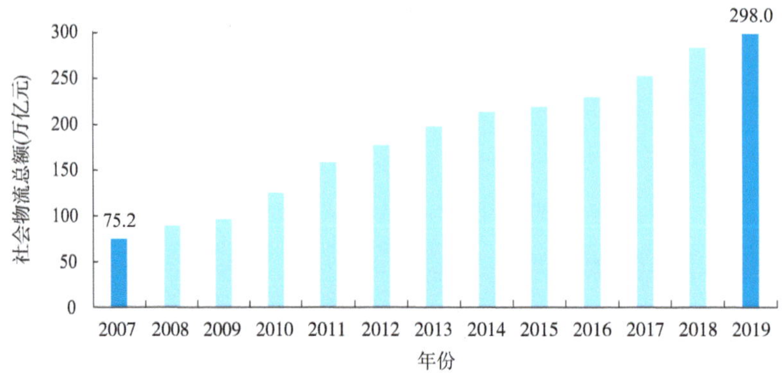

图1-2　2007—2019年我国社会物流总额变化情况

注：数据来源于中国物流信息中心。

与我国旺盛的物流市场需求相适应，我国物流业总收入也在持续快速增长。2019年，全国物流业总收入达到10.3万亿元，同比增长9.0%，物流业的支撑带动作用日益增强。2013—2019年，物流业总收入年均增速达到8.6%，具体变化情况如图1-3所示。

从发展速度看，“十二五”期间，我国经济处于快速发展时期，建筑业、采矿业、化学工业等行业也迅速发展，物流需求量极为可观。同时，由于起点相对较低，三次产业的产值增长对物流的需求量大幅提升，社会物流总额增长

速度明显快于同期GDP的增长速度，物流业发展对服务业与国民经济的贡献进一步增大。进入“十三五”时期，2016—2018年社会物流总额增长速度均高于6.0%，2019年回落至6.0%以内。与同期GDP相比，“十三五”以来社会物流总额增长速度已连续多年低于GDP增长速度，经济增长方式由工业主导向服务业主导转变的趋势更加明显，2010—2019年我国GDP与社会物流总额同比增长速度如图1-4所示。2020年，我国经济总量迈上百万亿元新台阶，国内需求不断扩大，生产和消费再度升级，在刺激物流量不断增加的同时，物流新业态新模式竞相发展。

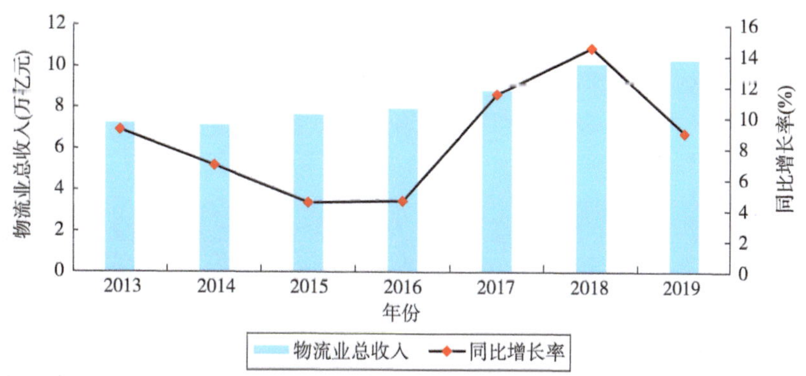

图1-3 2013—2019年我国物流业总收入及同比增长率

注：数据来源于中国物流信息中心。

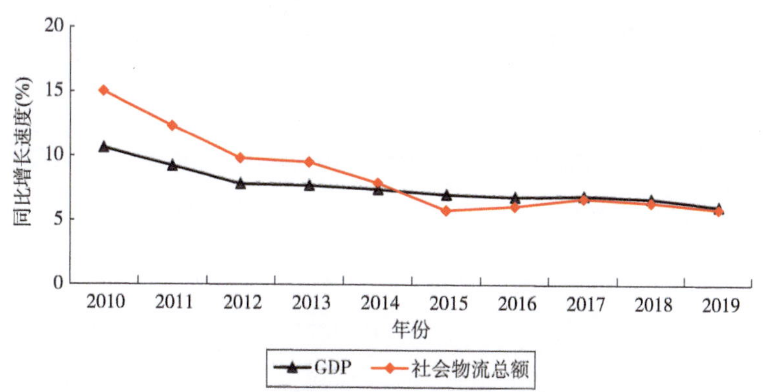

图1-4 2010—2019年我国GDP与社会物流总额同比增长速度

注：数据来源于国家统计局、中国物流信息中心。

从发展成效看，在国家有关部门和各地的共同努力下，我国从深化“放管服”改革、加大减税清费力度、加强重点领域和薄弱环节建设、深化产业联动融合

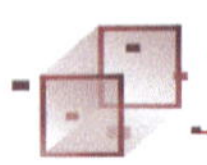

和信息互联互通等方面出台了多项具体举措，物流降本增效工作成效显著。自2013年以来，我国社会物流总费用与GDP的比率连续5年保持下降，2019年进一步降至14.7%，如图1-5所示。社会物流总费用与GDP比率的下降得益于国民经济结构的不断优化。近年来国民经济增长方式转变，结构调整稳步推进，产业结构不断优化。通常来看，第一、二产业对物流的需求规模大于第三产业，因而其物流成本也高于第三产业。伴随着第三产业增加值占GDP比重的增加，物流成本与GDP的比率不断降低。

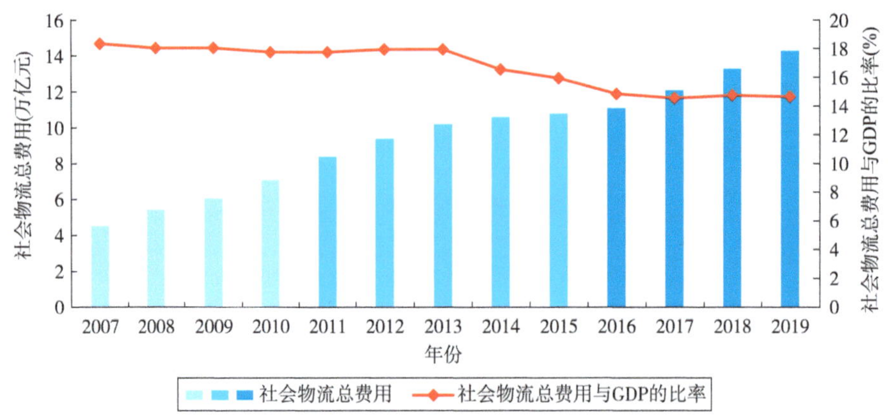

图1-5　2007—2019年我国社会物流总费用及与GDP的比率

注：数据来源于中国物流信息中心。

1.2.2　中国产业结构与物流

（1）产业结构作用于物流业，造成单位GDP物流需求系数过高。

首先，由于经济技术体制的限制，我国产业格局中一直以第一产业和第二产业为重，第三产业在一段时间内处于弱势地位。第一产业和第二产业发展过程中的一个明显特征是单位GDP物流需求系数过高。以钢铁产业为例，据世界钢铁协会的统计数据显示，我国在2012年的钢材产量占到全世界钢产量的近一半，达到7.16亿t，与此相对应的是铁矿石的进口量达到刷新纪录的7.436亿t。钢铁业所带来的价值并不一定高于第三产业中高附加价值的科技产业所带来的价值，然而两者对物流的需求却相差巨大。因此，产业结构原因是造成我国社会相对物流成本偏高的重要原因之一，我国既有的产业结构催生了较大的单位 GDP 物流需求。其次，我国经济的飞速发展离不开巨大能源供应的支持，而我国能源结构以煤炭资源为主，由此产生巨大的物流需求。加之我国煤炭资源分布不均匀，这进一步加剧了由于空间和时间限制而产生的物流需求。最后，从全球产业链来看，我国多数制造企业处于产业链较为低端位置。随着我国开放程度的逐步加大，以及我国对外贸易总量和业务往来不断增长，物流需求总量也随之逐步增加，但由于我国制造企业所处产业链位置不高，物流需求总量增加的大部分来自因原料加工而产生的物流需求，而原料加工等业务所带来的价值非常有限，这使得这部分价值的单位 GDP 物流需求系数非常高。综上所述，产业结构和能源结构造成了我国物流产业相对物流成本偏高。

（2）物流业作用于产业结构，进一步转变经济增长方式。

物流业作为一种年轻的服务业，它自身的发展壮大可以推动第三产业的发展进程，而第三产业的发展壮大有利于推进产业结构的优化升级，进而推动经济结构的调整。另外，物流业的蓬勃发展可以推动流通网络的组建，使得各个行业内部的流通更加畅通，促进各个产业的优化升级，推动各产业部门之间的联通和配合，进一步促进各个产业的协调发展。过去，我国经济增长一直以数量取胜，物流业的发展使得全社会物流成本逐渐降低，进而推动了经济增长方式的转变，促进了经济的高质量发展。

（3）物流需求结构不断优化，新动能不断壮大。

近年来，我国工业物流需求贡献率进一步趋缓，内需对物流需求增长的拉动继续增强，进口、消费相关等新动能物流需求贡献率继续提升，转型升级态势持续发展。以新产业、新业态、新模式为主要内容的新动能正在快速集聚，持续发展壮大，成为支撑物流需求结构调整的重要力量。

从需求结构看，战略性新兴产业、高技术制造业继续保持较快增长，支撑作用进一步增强，结构调整优化态势进一步显现。2019 年全年战略性新兴产业物流需求增长 8.4%，增长速度高出工业品物流总额 2.7 个百分点。高端制造业物流需求比 2018 年增长 8.8%，增长速度高出工业品物流总额 3.1 个百分点。高端制造业占比达到 14.4%，较 2018 年提高 0.5 个百分点。

单位与居民物流总额保持较快增长，新业态、新模式是重要“引擎”。

2019年，单位与居民物流总额同比增长16.1%，增长速度高出社会物流总额10.2个百分点，直播电商、社交电商、生鲜电商等新业态快速壮大，相关物流需求继续保持快速增长。2019年，全国实物商品网上零售额比上年增长19.5%，增长速度高出社会消费品零售总额11.5个百分点，实物商品网上零售额的贡献率超过45%。快递业务量完成630亿件，同比增长24%。

1.2.3 中国市场经济与物流

我国物流业市场逐步扩大开放，成为世界物流市场的重要组成部分和跨国企业竞逐的焦点。自2006年起，外资企业可在我国自行设立分销网络，独立经营物流业务。凭借规模、资金、技术和管理等优势，跨国物流企业已从原先主要以合资为主逐步走向独资，从单一业务走向综合物流业务，从集中于中心城市物流业务向构筑全国性物流网络展开。2014年9月，我国全面开放国内包裹快递市场，对符合许可条件的外资快递企业，按核定业务范围和经营地域发放经营许可。在"引进来"的同时，国内物流企业也迈出国际化步伐，加大开拓国际物流业务和海外布局布点力度。

此外，我国物流市场已经形成多种所有制并存、多元主体竞争、多层次服务共生的格局。从所有制看，国有、民营和外资企业三足鼎立；从需求看，既有民生需求，也有来自农工商等产业需求；从提供主体看，既有传统企业，也有专业化企业和新兴企业。在近些年物流业重要性日益显现的态势下，社会资本纷纷进入物流领域。服务产品和服务模式日趋呈现多样性，第三方、第四方、供应链、平台、联盟、O2O（Online to Offline，离线商务模式）、众筹等多种经营模式加快发展。在服务空间分布上有同城、区域、全国、跨境等多种类型，在服务时限上有"限时达、当日递、次晨达、次日递"等多种类型。物流企业不断开拓业务范围，开展代收货款、上门取件、代客报关、代客仓储、代上保险、代发广告、签单返回等时效业务和增值服务；冷链、跨境包裹、社区代收货、智能快递箱、校园快递、农村快递等新兴和专业化业务不断涌现。物流业与电子商务交叉渗透融合进程加快，物流服务竞争方式日趋多样化、差异化，竞争形态发生了很大变化，电商物流、快递快运、物流地产、冷链物流、航空物流、物联网等细分市场成为投资关注点。一些物流企业开始进军物流电商领域。

据中国物流与采购联合会发布的《2019 年度中国物流企业 50 强名单》显示，榜上 50 家企业物流业务收入合计共达 9833 亿元，物流企业 50 强门槛达到 32.6 亿元，相较 2004 年的 2.6 亿元提高了 12.5 倍。2019 年，民营物流企业 50 强的总物流业务收入也达 3553 亿元，一批新兴物流企业，通过网络化、规模化做大，依赖专业化、精细化做强，已迅速成长为业内知名物流企业。东部发达地区一些运输企业和物流园区正逐步向仓储、加工、分拨、包装、信息服务、配送等现代物流产业链延伸发展，展现了转型升级的良好态势。快递、电商、零担、医药、物流地产等细分物流市场品牌集中、企业集聚、市场集约的趋势进一步显现。在公路零担市场，加盟型网络依托资本和技术优势，集聚了一批小微物流企业，货运市场集约化步伐加快。目前，我国部分物流细分市场的主要结构特征见表 1-1。

我国部分物流细分市场的主要结构特征 表 1-1

市场结构要素	货物运输业					仓储业	装卸搬运业	快递业
	铁路	航空	水路	管道	公路			
市场集中度	高	较高	较高	高	低	低	低	较高
规模经济	显著	显著	显著	显著	不显著	中等	不显著	显著
产品差异化	差别大	差别大	差别小	无差别	差别小	差别小	差别小	差别大
进入壁垒	高	较高	较高	高	低	中等	较低	较高
退出壁垒	高	中等	中等	高	无	中等	低或无	中等

物流企业专业化服务能力进一步提升。物流产品向着高附加值、综合化、专业化的方向发展，形成了低端传统物流服务、综合性高端服务和专业化新型物流服务等物流细分市场同时快速发展的局面。一批传统运输企业积极应对市场竞争，强化市场战略，找准市场定位，结合自身优势，在细分市场中寻求差异化发展，积极开拓零担运输、冷链运输、危化品运输、城市配送等物流市场，如上海德邦、山东荣庆、湖南鸿胜，不断拓展服务功能，逐步培育核心竞争力。大型内外资物流企业在高端产品市场上展开了新一轮争夺，其中以外资企业在国际快递、航运物流和汽车物流等领域的争夺最为激烈。

专业化的物流市场发展迅速。如消费品行业中的汽车、家电行业，以及与

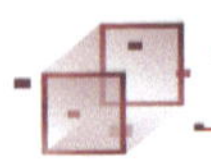

基础设施建设关系密切的钢铁、煤炭、水泥等行业物流。汽车、家电、电子等先进制造业与物流业融合速度正在加快，制造企业与物流企业形成战略联盟，供应链一体化程度增强。钢铁、有色、建材等行业也开始集中整合物流业务，并与物流企业结成战略合作伙伴关系。

1.2.4 中国基础设施与物流

自 2007 年以来，世界银行的国际贸易部门每两年编写一期 LPI（Logistics Performance Index，物流绩效指数）报告，客观地反映各经济体的物流效率。2018 年，我国 LPI 综合得分为 3.61 分，全球排名为第 26 位。从分项得分情况来看，我国单项得分较高的两项是预定交货时间内送达收货人的频率以及贸易和运输基础设施的质量，即物流服务的时效性和物流基础设施质量是我国物流绩效提升的核心优势。2007—2018 年，我国 LPI 总体保持了增长态势，世界排名逐步向前（表 1-2）。

2007—2018 年我国 LPI 统计　　表 1-2

年　份	LPI	世界排名	年　份	LPI	世界排名
2007	3.32	30	2014	3.53	28
2010	3.49	27	2016	3.66	27
2012	3.52	26	2018	3.61	26

我国 LPI 的改善与我国物流能力大幅提升密切相关。研究显示，我国铁路营业里程、公路里程与货运量之间在短期内具备显著的正相关关系，在长期内存在稳定均衡关系，并且铁路营业里程增加相对公路里程增加对于物流产业发展的促进效果更显著。2019 年，全国铁路营业里程达到 13.9 万 km，其中高速铁路营业里程达到 3.5 万 km 以上，居世界第一位；全国公路总里程达到 501.25 万 km，其中高速公路通车里程 14.96 万 km，居世界第一位；全国内河航道通航里程 12.73 万 km，其中高等级航道 1.38 万 km。同时，运输枢纽连接通达能力进一步加强，全国规模以上港口万吨级泊位达 2520 个，民航机场达到 238 个。2008—2019 年我国交通基础设施营业里程见表 1-3。

2008—2019 年我国交通基础设施营业里程（单位：万 km）　　表 1-3

年　份	铁　路	公　路	内河航道	航班航线里程	管　道
2008	7.97	373.02	12.28	246.18	5.83
2009	8.55	386.08	12.37	234.51	6.91
2010	9.12	400.82	12.42	276.51	7.85
2011	9.32	410.64	12.46	349.06	8.33
2012	9.76	423.75	12.50	328.01	9.16
2013	10.31	435.62	12.59	410.60	9.85
2014	11.18	446.39	12.63	463.72	10.57
2015	12.10	457.73	12.70	531.72	10.87
2016	12.40	469.63	12.71	634.81	11.34
2017	12.70	477.35	12.70	748.30	11.93
2018	13.17	484.65	12.71	837.98	12.23
2019	13.99	501.25	12.73	948.22	12.66

注：数据来源于国家统计局。

2008—2019 年我国各运输方式货运量如图 1-6 所示。

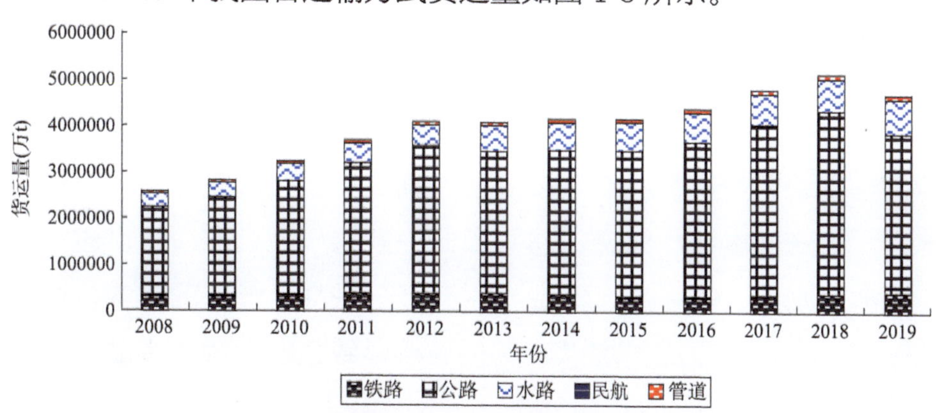

图 1-6　2008—2019 年我国各运输方式货运量

注：数据来源于国家统计局。

物流园区发展质量显著提高，为物流能力的提升奠定了坚实的基础。2019 年，国家发展和改革委员会、交通运输部联合印发了《国家物流枢纽网络建设实施方案（2019—2020 年）》（发改经贸〔2019〕578 号），23 个物流枢纽入选 2019 年国家物流枢纽建设名单，涵盖陆港型、空港型、港口型、生产服务型、商贸服务型、陆上边境口岸型 6 种类型。2019 年，中共中央、国务院正式印发《交通强国建设纲要》，明确“货物多式联运高效经济”发展目标，提出“推动铁水、公铁、公水、空陆等联运发展”。交通运输部等9部门印发《关于建设世界一流港口的指导意见》（交水发〔2019〕141号），推动补齐多式联运短板。

1.2.5 新技术新模式与物流

物流行业的每次变革都伴随着技术的突破与产业的升级。新一代物流行业紧跟新零售的发展而进步，线上、线下的边界更为模糊，服务更加智慧便捷。相比传统物流行业，现代物流业最大的变化在于移动互联网、物联网、大数据、人工智能、云计算和区块链技术等信息技术的深度应用。技术边界不断被打破，新一代信息技术的发展正在形成融合生态，推动物流行业发展进入新阶段。

（1）区块链技术。

当前，物流供应链领域存在多方主体参与，庞大的信息交流共享衍生出信息安全问题。通常掌握供应链话语权的强势企业会构建一个中心化的物流供应链资源共享平台，以供上下游企业进行线上信息对接和线下运营合作，但是这类平台的安全性和完备性完全依赖核心企业，在长期运营上存在较大风险。从企业内部来看，生产数据造假、设备数据孤岛、一线员工工作单调重复、机构臃肿、沟通成本高、信息传递效率低等问题日益凸显。从供应链上下游来看，商流、物流、信息流、资金流四流合一是难以解决的顽疾，造成企业协同交互成本高、多方协同难以实现，最终导致企业信用体系缺失，中小企业融资难。

区块链技术的出现为解决上述问题提供了出路。利用区块链技术分布式共享账本、公开透明、防篡改、可追溯等技术特性，可通过协同供应链中的各方构建一个既公开透明又充分保护各方隐私的开放式区块链网络，从而解决信息不对称和造假的问题。

目前，区块链在物流供应链领域的应用场景主要集中在流程优化与无纸化、供应链协同与联盟化、物流与供应链征信、电子存证与司法监管、物流与供应链金融、物流跟踪与商品追溯六大场景。在2019年我国物流与供应链产业区块链应用落地项目中，物流与供应链金融、物流追踪与产品追溯、流程优化与无纸化相关项目占比超过 76%，这也是 2019 年我国物流与供应链产业区块链应用的三大场景[1]。

（2）第五代通信（5G）技术。

5G 被誉为全球新一轮科技革命和产业变革的核心技术之一。我国高度重视 5G 的发展，将其列为实现万物互联、人机交互的战略性基础设施。5G 技术可以在物流领域得到广泛应用，如实现全自动化物流运输、推动物流仓储环境的智能化、实现增强现实技术在物流中的应用、加速物流数据计算平台、开展工业级物流监控、促进物流工业级视觉系统的实现、物流智能能源供给、区块链技术依靠 5G 技术维护物流安全。

（3）北斗卫星导航系统。

北斗卫星导航系统是我国自行研制的全球卫星导航系统。2018 年 12 月 27 日，北斗三号卫星系统已经完成了基本建设，正式迈向全球时代，成为我国物流业信息基础设施升级换代的核心发动机。

①“北斗 + 新能源物流车”模式。北斗航天汽车打破了产业界限，以北斗技术为核心建设北斗汽车云平台，下设产品创新平台、商品制造平台、智能营销平台、衍生业务平台四个分平台，在平台上重新架构新能源车。北斗航天汽车将北斗卫星导航系统应用与智能终端、智能汽车充分结合，围绕新能源车建设“车桩网”一体化运营平台，打造基于北斗卫星导航系统的城市绿色物流生态体系。

②北斗航天“车桩网”一体化运营平台。基于北斗高精度定位技术、北斗大数据平台及各类应用服务平台，与金融服务相结合，将新能源物流车、充电桩与管理平台连接起来，通过云存储和计算，实现对新能源物流车、充电桩、货物运输、仓储管理等的有效匹配和实时管理，为用户、企业、政府等提供高效、精准、便捷的服务。其平台还将提供车辆租赁运营等金融解决方案，加速推进城市绿色物流生态体系的建设。

③“北斗快递”模式。2019 年 1 月 3 日全国邮政管理工作会议提出，2019 年要加快推进高质量发展，引导企业应用物联网、大数据、北斗卫星导

[1] 数据来源于《219 中国物流与供应链产业区块链应用白皮书》。

航等技术，创新提供即时下单、电子报关和跟踪查询等便捷服务。

对于快递业来说，北斗卫星导航系统的应用将使行业管理更加智能化。特别是北斗卫星导航系统与5G技术对接后，运行速度更快，使用更加便捷。除了为快递车辆提供导航定位、跟踪防丢、远程操作、人机对话等服务外，北斗卫星导航系统还可以对重要快件进行跟踪定位，高端快递可以借此得到进一步发展。2018年12月，“三通一达”[1]、顺丰联合投资的蜂网公司与一家北斗技术提供商签约，快递车辆迎来搭载北斗高精度定位服务的车载终端，精度达到亚级，实现车道级导航和精准位置追踪，使物流平台能更准确地判断车辆离开到达指定区域的时间，从而精准引导车辆到达指定停车点装卸货物。

（4）物联网技术。

物联网是指通过各种信息传感设备，实时采集任何需要监控、连接、互动的物体或过程等各种需要的信息，目的是实现物与物、物与人、所有的物品与网络的连接，方便识别、管理和控制。其主要特征都是利用物理系统和信息系统的融合来实现人与人、人与物以及物与物的互联互通。与传统制造系统不同的是，物联网结合智慧供应链建立了一种集可靠感知、实时传输、精确控制、可信服务为一体的复杂过程制造网络体系架构，通过有形的实体空间和无形的虚拟网络空间相互指导和映射，实现整个生产制造过程的透明化。

2018年，实现全国动态监控的货运车辆超过570万辆；智能快递柜融合云计算和物联网等技术，实现快件存取和后台中心数据处理，通过摄像头实时监控货物收发等情况。截至2018年8月，丰巢科技服务于120万名快递员、1.5亿多名消费者，已在100多个重点城市联手5万多家物业企业，完成12万多个网点布局。菜鸟网络启动物流物联网(IoT)战略，宣布与快递合作伙伴一起正式上线视频云监控系统，开启“物流天眼”，实现对场站的智能管理，推动物流数据化转型。“物联网技术＋供应链金融”模式通过CPS（Cyber Physical Systems，物理信息系统）、生物识别等手段，对动态和静态的目标进行识别、定位、跟踪、监控等系统化、智能化管理，然后进行数据汇总并分析，使客户、监管方和银行等各方参与者均可从时间、空间两个维度全

[1] “三通一达”中的“三通”指圆通快递、申通快递、中通快递，“一达”指韵达快递。

面感知和监督动产存续的状态和发生的变化，进行风险监控和市场预测。这种模式既能够有效控制供应链金融风险，又能够获得各类数据信息，反向协同进行风险控制。

（5）大数据技术。

①物流大数据加快在物流领域应用。大数据能够整合物流与商流数据，帮助企业分析运营状况、不断检测改进。目前大数据在物流领域主要应用于决策与预测。2018 年 4 月，顺丰控股与 8 家供应链企业（或其子公司）成立供应链大数据平台，深度挖掘行业数据价值。

②应用大数据技术，提高包装与货物匹配程度。我国一些电商快递企业引入大数据分析技术进入包装环节，通过大量的数据训练，阿里巴巴研究出了“切箱算法”，京东开发出了“精卫系统”。以切箱算法为例，卖家只要输入商品的长、宽、高和历史订单数量，系统就会自动推荐最佳尺寸的箱型。有新订单时，系统会根据商品体积，自动与纸箱匹配，并提供装箱顺序及摆放样式。通过有效的大数据，切箱算法将会改进包装箱空间的利用率，从源头帮助商家快递公司节约包材。相比人工装箱，改进后的切箱算法虽仍会产生包装空当，但三层纸箱使用率可以达到 95% 以上，这意味着电商物流包装环节将会对环境更友好，企业也可以节省大量成本。根据阿里巴巴公布的数据推算，2018 年我国快递 500 多亿件的规模，通过切箱算法可以节省最少 20 亿个包装箱，从而拯救 648 万棵树木。近年来，供应链的制造资源配置逐步呈现信息密集型趋势，利用大数据融合、处理、存储、分析等技术使智慧工厂大数据为制造资源的实时感知、制造过程优化控制、制造服务敏捷配置等环节提供决策支持，实现了客户需求、产品设计、协同制造、售后服务等过程的全面描述，在此基础上的大数据分析技术可以支持生产调度优化、产品质量监控、生产资源配置等实时决策优化，成为传统制造过程实现数据化制造、信息化制造、知识化制造、智慧化制造逐步升级发展的关键基础，从而更好地服务于全球化工厂协同制造。

（6）人工智能技术。

人工智能(Artificial Intelligence，简称 AI)是集数门学科精华于一身的前沿学科中的交叉学科，其研究目的是研发用于模拟、延伸和扩展人的智慧和能力的理论、方法、技术及应用系统。与人工智能相关性最高的三门学科是计算机科学、数学和逻辑学。人工智能技术完成了数字化到实体的信息驱动行动环节，在人工智能的指导下，以自动化和更有效的方式传递信息，从而在实体世界中产生操作指令，完成供应链的生产环节。

在零售场景中，智能感知设备可以帮助商家获取在传统零售场景中无法获取到的消费者大数据，如年龄分布、性别分布、热销商品等，进而更加准确地预测需求，帮助商家持续优化经营策略，让消费者能够更加快速地找到自己想要的商品，让商家、消费者双赢。2018 年“双十一”到来之前，全国已有五大快递公司启用菜鸟智能语音机器人，自动完成“派前电联”，反馈消费者的配送需求，快递员无须再逐一拨打客户电话。

（7）无人化技术。

近年来，我国逐渐重视并鼓励无人机在物流等专业领域的应用。2018 年 1 月，国务院办公厅印发《关于推进电子商务与快递物流协同发展的意见》（国办发〔2018〕1 号），明确指出要提高科技应用水平，鼓励快递物流企业采用先进适用技术和设备，提升快递物流装备自动化、专业化水平。2018 年全国邮政管理工作会议还提出，要促进科技创新，推广应用无人机、无人车、无人仓库等技术。2018 年 5 月，中国民用航空局发布《关于促进航空物流业发展的指导意见》（民航发〔2018〕48 号），对无人机物流明确给予支持，并提出支持物流企业在空域条件良好、地面交通欠发达地区开展无人机物流配送试点工作。

在无人机方面，京东、顺丰等获得无人机航空运营（试点）许可证；“饿了么”开通中国第一批无人机即时配送航线，送餐无人机正式投入商业运营；中国邮政 EMS 水陆两栖无人机在湖北荆门试飞成功；2018 年 10 月，顺丰控股参与研发的大型货运无人机 AT200 完成了异地转场飞行试验，标志着无人机向民用化和商业化发展又进了一步；2018 年 11 月，京东自主研发的支线无人机“京鸿”完成首飞。在无人车方面，2018 年 11 月，苏宁无人车“卧龙一号”[1]正式落地成都，继北京、南京之后，成都成为第三个实现无人车常态化运营的

[1] “卧龙一号”无人车结合物联网、云计算、AI 等最新科技元素，通过激光雷达、面阵雷达、全球定位系统、惯性导航传感器互相配合完成日常运作。

城市。在无人仓方面，京东自主研发“X 仓储大脑”[1]，实现物联网和人工智能技术的交叉融合。

（8）社会化平台。

物流企业“数字化”转型提速，提升物流全流程可视化、决策智能化水平等成为研究重点，社会化平台发展取得一定成效。中国外运开启智慧物流战略，以全面数字化转型为基础开展运营模式、商业模式、组织模式的全方位重构，推出“运易通”等一批社会化物流平台，推动产业智慧化转型之路；际链科技通过强大的技术系统，借力物流网络投资管理平台普洛斯与智慧物联网公司G7，合力打造城市共配、数字园区和物流数据云平台三大类产品，将园区业主、仓储服务商、运输服务商、金融服务商紧密相连，形成高效的智慧物流基础体系，推动商业繁荣；oTMS（开放式传输网络运营）平台[2]解决了传统运输管理系统无法跨越运输链条的弊端，成为运输管理的发展方向。

1.3 新时期中国物流业发展的重大关切

当前，世界经济增长乏力，逆全球化趋势加剧，新一轮产业革命蓄势待发，全球产业链、供应链和价值链加剧重塑，国内以供给侧结构性改革为主线，高质量发展蹄疾步稳。“十四五”时期，我国进入新发展阶段。这是我国全面建成小康社会、实现第一个百年奋斗目标之后，乘势而上开启全面建设社会主义现代化国家新征程、向第二个百年奋斗目标进军的第一个五年，物流业是现代化经济体系的重要组成部分，是新时代中国特色社会主义建设的重要支撑，也是实现社会主义现代化强国的必备条件。步入新的发展阶段，我国物流业如何在变局中开新局，推动建设物流强国，这是一个历史性命题。

我国已成为物流大国，但还不是物流强国，物流绩效并不理想。成本高、

[1] “X 仓储大脑”可以帮助无人仓实现自我感知、比较、预测以及自适应，将规划、运营监控及维保效率提升高达80%，节约运营成本50%。

[2] oTMS采用“SaaS（Software as a Service，软件即服务）平台＋移动App”的模式连接运输，将货运环节中的货主、第三方物流公司、运输公司、驾驶员和收货方集成在一个平台上，打造基于核心流程的、透明且开放的社区型运输协同平台。

效率低、集约化水平不高、产业支撑度不足，诚信、标准、人才、安全、环保等“软实力”不强，尚不能满足现代物流国际竞争的需要。物流整体市场环境较为严峻，产业间联动发展空间巨大，物流企业经营压力持续加大，收入利润率低。地方保护、不正当竞争、诚信体系缺失等问题依然存在，资金短缺、人才短缺问题难以缓解，创新驱动的内生机制尚未建立。与此同时，国家支持物流业发展的诸多政策有待落实，相关问题还没有实质性改善。这些问题对我国物流业进一步发展提出了严峻挑战。

1.3.1　物流基础设施结构性矛盾突出

（1）综合运输体系存在结构性短板。铁路货运和内河航运基础设施建设相对滞后，重点时段或地区铁路运能不足较为突出，内河航运大运量、低成本的优势难以有效发挥。这些问题一方面导致大宗物资运输结构不合理，大量煤炭中长途运输依赖公路，造成大量优质能源的消耗和运输成本的增加；另一方面制约了多式联运的发展，如三峡过闸能力不足，制约了长江黄金水道总体效能的发挥。此外，航道整治滞后、长江中段航道深度不足等诸多因素导致大吨位船舶通行受限，制约了江海直达运输的发展。

（2）港站枢纽的功能不足与集疏运不畅。港站枢纽集疏运能力不足、网络不完善，尤其是铁路与港口的衔接性较差，进一步突出了铁路在重大节点上的不适应，纵使铁路货运线上能力得到释放，站场能力不足依然成为突出瓶颈；进出园区道路与周边路网衔接不畅，部分进出园区的货运交通与城市客运交通相互混杂；物流园区大多缺乏多式联运功能。

（3）“物流围城”和“最后一公里”问题依然突出。物流仓储设施、配送中心设施的外迁，导致配送半径不断增加；由于缺乏科学的城市物流规划，致使城市周边仓库、货场供给不足，仓储面积大大低于发达国家水平，仓储租金不断提高，增加了物流成本，全国公共通用仓库建设缓慢且常“带病作业”，存在重大安全隐患；在现行的大城市物流管理中，由于把货运车辆作为城市交通的拥堵源之一进行管控，导致“路难行、车难停、货难卸、证难求”的问题长期存在。

1.3.2 物流市场主体专业化能力不足

（1）第三方物流和供应链服务发展不足。当前我国的自营物流比例高，物流外包率偏低，第三方物流份额不足40%[❶]。第三方物流企业多是由功能单一的运输企业、仓储企业转型而来，经营规模小，综合化程度较低，在管理、技术及服务范围上整体水平不高，不能为企业提供完整的供应链服务。据调查，我国只有不足30%的规模化企业开展了包装与流通加工、物流咨询等增值服务，大量中小业户仅开展了较为单一的运输或仓储业务。大多数第三方物流企业技术装备和管理手段仍比较落后，服务网络和信息系统不健全，供应链建设和管理服务水平低，很难适应现代物流追求动态运作、快速响应的要求。

（2）市场主体"多小散弱"问题突出。①我国物流市场主体庞杂，市场集中度低。第三方物流企业组织整合社会运力成本高、难度大，整体发展水平较低，道路运输行业尤为突出。②缺乏引领行业发展龙头骨干企业，企业竞争力不强。国内大型龙头物流企业盈利能力与发达国家企业之间有较大差距[❷]。③"社会物流成本偏高"与"物流企业盈利能力偏低"相并存，物流企业自我发展能力差。

（3）运力结构不合理。车辆专业化、大型化、轻量化不足，汽车列车、厢式车辆、集装箱专用车辆以及特种运输车辆发展滞后，我国栏板货车约占营运载货汽车的77.6%[❸]。此外，我国车型标准化程度差，目前我国各式车型保守估计超过2万种[❹]，不仅车型分散、配置繁多，还有大量汽车出厂后进行改装，难以实现运输车辆的标准化。

1.3.3 物流运输组织化程度偏低

（1）先进运输组织方式发展缓慢，运行效率低。铁海联运、滚装运输、江海直达运输、集装箱联运等发展缓慢，多式联运在整体货运量中占比较低，

❶ 第三方物流份额在美国占比为60%，欧洲、日本达80%。

❷ 2018年，亚马逊以427.45亿美元的物流收入成为全球第一大物流公司，而我国最大的物流企业——中外运收入仅为68.15亿美元，排名全球第13位。

❸ 欧洲、美国等国家和地区厢式半挂车已是主流车型，约90%道路货运通过厢式半挂车等专业运输车辆实现。

❹ 美国仅有8种标准车型，车型标准化程度较高。

特别是公铁联运、海铁联运比例较低，我国海铁集装箱联运比例❶仅为 2%。

（2）网络化运输、甩挂运输、城市共同配送等发展缓慢。汽车空驶现象严重，单车利用效率不高。全国货车实载率不足 60%，远低于发达国家 80%~95% 的水平，全国平均货运单车年周转量为 43 万 t · km❷。

（3）物流园区、物流信息平台、货运中介整合效果有限。虽然我国已建成数量众多的物流园区、物流中心，实现了众多中小企业在地理空间上的聚集，但园区内企业缺乏相互协作和资源共享，形聚而神散；物流园区之间缺乏货源、运力信息的交换与共享；大多数物流公共信息平台仅仅提供“车找货、货找车”等基本服务，再加上“信息孤岛”现象严重，尚缺乏对社会零散物流资源更大范围、更深层次的有效整合。

（4）货源和运力分散，缺乏有效的组织。当前，我国大量分散的车货信息撮合业务由小型货代、货运经纪人、信息配载点等中介组织完成，普遍存在规模小、网络性差等问题，缺乏有效的信息化技术手段和组织管理能力，总体运输组织效率不高。同时，受现有法规制度制约，无车承运人等新型业态在我国发展举步维艰。

1.3.4 物流标准规范发展滞后

（1）规范有序的物流市场尚未形成。许多物流企业经营不规范，服务意识淡薄，法律意识不强，诚信体系严重缺乏。统一开放、公平竞争、规范有序的物流市场远未形成。一些地方针对物流企业的乱收费、乱罚款问题突出。信用体系建设滞后，物流业从业人员整体素质有待进一步提升。跨国物流企业在用地、税收等方面得到一些地方政府的诸多优惠，享受超国民待遇。物流市场的进入与退出、竞争规则基本上无统一法律法规可循，对社会性的物流服务缺乏有效的外部约束，不正当市场竞争难以避免。

（2）物流统计和标准化滞后。部分物流企业仍存在“大而全”“小而全”

---

❶ 国际海铁集装箱联运比例通常在 20% 左右，美国为 40%，法国为 35%，印度为 25%。

❷ 货运单车年周转量指在年周期内，由货运车辆实际完成运送过程的以质量和运送距离的复合单位（t · km）计算的货物运输量，美国平均货运单车年周转量约为 68 万 t · km。

的思想，对物流统计和标准化问题重视不足，参与国家、行业标准制修订的积极性不高。物流设备缺乏规范，物流系统中的仓储、装卸与运输等重要环节缺少必要的规范和统一标准，尚未实现有效衔接。物流标准的推广和应用不足，标准之间不统一，技术标准和作业标准不统一，设施标准和包装标准不统一，不同运输方式之间装备标准不兼容。物流标准缺乏系统化，尽管在一些物流分体系已经实现一定程度的标准化，但在物流总体系内各部门之间尚未实现标准内容的协调与统一。

1.3.5 物流技术创新能力较弱

（1）物流业信息化和智能化滞后。①先进信息技术应用和企业信息化程度不高。电子射频技术、地理信息系统、全球定位系统、5G 等先进信息技术在物流业亟待推广，除规模化企业外，大多数中小物流企业仅停留在有限的办公自动化系统应用，围绕物流一体化运作的支持系统缺失。②信息共享和交换程度低，资源整合能力不强。一方面，多数企业信息化仅停留在企业内部的物流管理上，供应链上下游企业之间信息的交换和共享程度低，信息的利用效率不高；另一方面，在各种形式的公共物流信息平台建设中，信息传递和共享机制尚未有效建立，“信息孤岛”问题普遍存在，已建立的信息系统不能互联互通，政务信息没有充分整合和统筹，信息资源整合能力不强。

（2）物流业整体创新能力弱。物流企业缺乏创新动力，研发投入低，商业模式创新、组织创新、技术创新、管理创新等滞后，尚未进入“创新驱动”的发展新阶段。国内物流企业的创新面临来自跨国公司的技术壁垒、资金壁垒、外部资源壁垒、管理壁垒，国内环境对企业进入的限制壁垒，以及企业自身对创新的阻碍（如技术依赖等），这些壁垒严重阻碍了物流企业的创新发展。

1.3.6 物流体制和法规政策不完善

（1）物流管理体制和治理能力弱。政府对全国物流业发展的总体思路不够明晰，对物流业在国民经济中的地位、发展模式、发展重点、产业体系、科

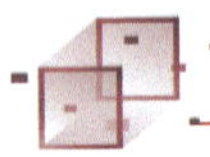

学体系等重大问题还需深入研究。作为物流市场主体组织，由于受所有制形式、行业的限制，市场竞争机会不同，导致物流市场主体组织的发展不平衡。我国物流业的管理权限涉及多个部门、多个行业，涉及中央与地方各级政府，物流管理权限部门分割、条块分割的现象极为突出，不同部门间、地区间缺乏有效的协调，阻碍物流业发展的体制机制障碍仍未打破。国家至今尚没有统一的物流发展主管部门，对物流业缺乏全国性的交通运输、仓储管理、信息网络等总体规划，也未能实现对物流网络的统一布局，对物流业的管理和治理呈多元化的分散方式。这种自成一体、地区封锁和市场分割的模式极大地削弱了对物流业的管理和治理能力。

（2）物流法律法规和政策不完善。我国物流立法相对滞后，难以适应物流国际化发展的需要，更难以适应市场经济环境下现代物流发展的需要。相关法律法规体系普遍在技术上缺乏对物流实践工作的调整作用和具体指导，微观约束能力和宏观调控能力不足。从法律效力上看，我国现行的直接具有操作性的物流法律法规层次较低，法律效力不强，价值目标难以协调。各部委、地方制定颁布的各类物流法规和政策，在具体运用中缺乏普遍适用性，多数只适合作为物流主体进行物流活动的参照性依据，带有部门、地方分割色彩，不利于从宏观上引导物流产业的发展，也缺乏对物流主体行为必要的制约作用。法律法规之间存在重复规定和相互冲突等问题，缺乏系统性和衔接性，难以充分发挥规范和调节作用。众多的物流活动环节使得调整物流的政策法规散见于各行业主管部门出于各自利益而制定的部门规章中，形成了多头而分散的局面。对物流市场的准入条件缺乏统一法律规范，对物流企业的准入门槛设置较低，针对物流企业的市场准入和资质问题的立法亟须完善。

1.3.7　物流人才缺乏与国际化水平低

（1）物流人才缺乏。我国物流业缺乏专业型技术人才，从业人员普遍存在着受教育层次偏低、专业化教育匮乏等方面的问题，难以适应现代物流的发展要求。此外，随着近年来人工成本的不断上升、物流企业利润的逐步下滑，东部发达地区普遍存在着货车驾驶员、装卸工、快递员等招工难问题。

（2）物流国际化水平低。我国全球连接能力不强，国际资源整合能力弱，缺乏国际战略通道和战略支点，全球物流治理水平不高，滞后于全球化发展进程，物流的国际化能力亟待提升。我国的国际物流企业规模偏小，不仅缺乏规模优势，难以承担大型业务项目，而且附加值低、业务面单一，难以形成齐全的全球物流产业链。我国国际航空货运网络、国际快递网络、跨境仓储配送体系的建设目前还处于起步阶段。我国在国际物流服务标准制定上缺乏话语权。我国的产品出口已经覆盖220多个国家和地区，但尚无一家物流企业具有全球递达能力[1]。

[1] UPS、FedEx、DHL等国际快递巨头物流网络覆盖220多个国家和地区。

第 2 章　物流管理体制基础理论研究

新技术、新模式、新业态的涌现在冲击物流业的发展形态、物流内涵的合理界定的同时，也给我国物流管理体制改革提出新的更高要求。本章在厘清物流基础理论与行政管理体制理论的基础上，阐明物流管理体制的内涵，认为物流管理体制是指组织机构的设置、权力和职能的划分以及机构运行机制等方面的规则和制度，它包括管理对象、管理范围、组织机构、管理职能、管理手段五大要素。

2.1　物流基础理论

2.1.1　物流的内涵及属性

对于“物流”的内涵理解和属性定位，直接决定了如何处理物流业发展中政府与市场的关系，同时也决定了物流管理体制的根本原则问题。随着经济的转型升级和高新技术的不断涌现，物流学界对物流活动的认识能力不断提升，物流的内涵不断丰富、外延，人们对于物流内涵的理解也在不断深化。本部分从理论的角度阐述物流的内涵和产业属性，为确定物流管理体制的对象、范围、职能、手段等奠定理论基础。

2.1.1.1　物流的内涵

物流的内涵反映了人们对物流本质的认识。不同国家或地区由于所处的经济背景和发展阶段不同，对物流的定义有所区别。迄今世界各国的物流学界对现代物流尚无统一、完整的定义，比较有代表性的物流定义是美国、欧洲、日本等国家和地区对物流的界定，见表 2-1。

不同组织机构对物流内涵的理解 表 2-1

<table>
<tr><th colspan="3">组织机构</th><th>年　份</th><th>物流内涵</th></tr>
<tr><td colspan="2">联合国</td><td>联合国物流委员会</td><td>2002</td><td>物流是为了满足消费者的需要而进行的从起点到终点间的原材料、中间过程库存产品、最终产品和相关信息的有效流动和储存的计划、实施和控制管理的全过程</td></tr>
<tr><td rowspan="4">美国</td><td>管理派</td><td>美国物流管理协会</td><td>2003</td><td>物流管理是供应链管理的一部分，是为满足顾客需求而对商品、服务及相关信息从起源地到消费地的高效率、高效益的正向和反向流动及储存进行的计划、实施和控制过程</td></tr>
<tr><td>工程派</td><td>美国物流工程师学会</td><td>1974</td><td>物流是与需求、设计、资源供给与维护有关，以支持目标、计划及运作的科学、管理、工程及技术活动的艺术</td></tr>
<tr><td>军事派</td><td>美国空军</td><td>1981</td><td>物流是计划、执行军队的调动与维护的科学，它涉及与军事物资、人员、装备及服务相关的活动</td></tr>
<tr><td>企业派</td><td>美国 Exel 物流公司</td><td>1997</td><td>物流是与计划和执行供应链中商品及物料的搬运、储存及运输相关的所有活动，包括废弃物品及旧品回收复用</td></tr>
<tr><td colspan="2">加拿大</td><td>加拿大物流管理协会</td><td>1985</td><td>物流是对原材料、在制品库存、产成品及相关信息从起源地到消费地的有效率的、成本有效益的流动和储存进行计划、执行和控制，以满足顾客要求的过程。物流过程包括进向、去向和内部流动</td></tr>
<tr><td colspan="2">欧洲</td><td>欧洲物流协会</td><td>1994</td><td>物流是一个系统内对人员或商品的运输、安排及与此相关的支持活动的计划、执行与控制，以达到特定的目的</td></tr>
<tr><td colspan="2">日本</td><td>日本日通综合研究所</td><td>1981</td><td>物流是物质资料从供给者向需要者的物理性移动，是创造时间性、场所性价值的经济活动。从物流的范畴来看，包括包装、装卸、保管、库存管理、流通加工、运输、配送等诸种活动</td></tr>
</table>

由表 2-1 可知，物流是一种在经济全球化、信息技术和知识经济迅猛发展背景下，实现物体时间和空间效用的管理方法和运作模式，这突出了物流微观管理的特性。我国《物流术语》（GB/T 18354—2006）对物流的定义是“物品从供应地向接收地的实体流动过程。根据实际需要，将运输、储存、装卸、搬运、包装、流通加工、配送、信息处理等基本功能实施有机结合”。我国对物流的定义试图融合欧美物流的管理特征和日本物流的抽象特点，反映物流的本质特征和具有多重推进主体的背景。

2.1.1.2 物流的产业属性

物流既具有从提供服务经营角度看的独立服务产业的特点，又具有从产销企业内部经营管理角度看的非独立产业形态，还具有因物流技术的使用而通过产销企业物流服务外部化的供应链管理一体化所体现的经济利益共享现象。同时，物流发展需要在产业层面上进行推进。但物流产业实质上是一种渗入几乎所有经济领域和企业经营活动的交叉与重合的产业形态，站在产生经济利益和经济效益的角度，具有明显的复合性特征。对物流产业属性的认识决定了其在国民经济和产业体系中的定位，以及相应的物流行政管理的主要内容。

（1）物流业属于复合型现代服务业。

物流业是物流资源产业化而形成的一种复合型产业。物流资源有运输、仓储、装卸、搬运、包装、流通加工、配送、信息平台等，其中运输又包括铁路运输、公路运输、水路运输、航空运输、管道运输。这些资源产业化就形成了运输业、仓储业、装卸业、包装业、加工配送业、物流信息业等，把产业化的物流资源加以整合，就形成了一种新的物流服务业。物流业是复合型现代服务业，它既具有局部的独立产业形态，又在整体上具有以共同使用的技术为媒介的多个产业交叉和融合的特殊产业形态。它的复合型体现在三个层面：

①服务过程的融合。运输业、仓储业、货代业、信息业以及物流的金融、装配等服务方式与相关的产业组合，是多个环节综合管理运作的一种服务方式。这种由多个行业和多种服务方式组成的经营性服务业态，实际上就是独立的产业，所不同的是其具有跨部门、跨行业、跨企业和多环节的特征，其服务业态和服务种类的多样性特点显著。

②服务对象的融合。物流业通过供应链管理，与三大产业内各类企业的原材料采购、生产组织、销售组织、产品配送等建立了紧密的联系，是一种与服务对象形成供应链系统的现代管理与生产方式，并非仅仅是单纯的独立经营活动。

③管理与政策的融合。推进物流业发展不是单个部门就能完成的，需要多部门协同，共同创造现代物流所需要的发展环境，实现管理手段和管理方法的变革，这涉及政府之间的统筹协调问题。而多部门协同管理物流业，又需要有良好的适应服务融合的政府管理方式与政策环境。

（2）物流业属于基础性产业。

公路、铁路、水路、航空等物流基础设施是物流业赖以有效运行的重要载体之一，而这些物流经济载体都是基础性的，甚至很多是关系国民经济、人民生命财产及国防安全的战略性行业和部门。物流对所有的生产、流通和消费活动都有影响，它对国民经济的基础性作用主要依靠运输、仓储等基本活动来发挥。党的十九大报告明确提出，加强水利、铁路、公路、水路、航空、管道、电网、信息、物流等基础设施网络建设，从国家发展战略全局的高度，将物流与交通、电力、水利、信息等重大基础设施并列，强调了其基础性、战略性和准公益性地位。

（3）物流业属于战略性产业。

经济社会的高质量发展和产业的转型升级，对物流服务提出了“增量”和“提质”的双重要求，而物流业因自身技术和组织水平所决定的效率与成本状态，又会对国民经济其他产业的运行质量产生重大影响。因此，物流业是以重大技术突破和重大发展需求为基础，对经济社会全局和长远发展具有重大引领带动作用的战略性产业。《物流业发展中长期规划》将物流业提升至战略性产业地位，正是契合了当前我国推进经济结构战略性调整的必然趋势。

2.1.2　物流要素及分类

2.1.2.1　物流的要素

关于物流要素，国内研究有多种分析方法和结论，其中最为普遍的是将物流要素划分为运输、储存保管、包装、装卸、搬运、流通加工、配送、物流信息等功能要素。从国外的研究看，一般认为物流作为生产性活动，其基本的生产要素即为“运输＋仓储”，其中：“运输”包括交通基础设施、运输装备、运输组织管理等；“仓储”包括存储和保管设施、装卸和搬运设备、仓储管理等。

（1）运输要素。

运输是物流的基础环节和依托载体，是实现物流目的的基本手段，现代物流在很大程度上由传统运输业发展演进而来。运输是物流系统的核心功能，其他如储存、装卸、搬运、包装、流通加工、配送等功能均依赖运输而存在，需要通过运输来衔接。运输是创造物流空间效用和时间效用的主要环节，对物流过程的增值具有重要影响。综合运输体系的完善，是现代物流高效运作的基本前提。

运输本身是一个庞大而相对独立的生产组织体系，包括铁路、公路、水路、航空、管道五种运输方式；包括交通基础设施（各种运输方式线路网络、货运枢纽站场）、运输工具（铁路机车、道路货运车辆、船舶、飞机、管道等）、运输组织管理（多式联运、甩挂运输、城乡配送等）。

选择何种运输方式对于物流效率具有十分重要的意义。在选择运输方式时，必须权衡运输系统要求的运输服务和运输成本。可以将运输的服务特性作为判断的基准，例如运费，运输时间，频度，运输能力，货物的安全性，时间的准确性、适用性、伸缩性，网络性和信息等。

（2）仓储要素。

在物流系统中，仓储是与运输同等重要的构成因素。仓储功能包括了对进入物流系统的货物进行堆存、管理、保管、维护等一系列活动。仓储的作用主要表现在两个方面：一是完好地保证货物的使用价值和价值；二是为将货物配送给用户，在物流中心进行必要的加工活动而进行的保存。随着经济的发展，物流由“少品种、大批量”物流进入“多品种、小批量”或“多批次、小批量”物流时代，仓储功能从重视保管效率逐渐变为重视高效地组织发货和配送作业。

流通仓库作为物流仓储功能的服务据点，在流通作业中发挥着重要的作用，它不再以储存保管为其主要目的。流通仓库包括拣选、配货、检验、分类等作业，具有“多品种、小批量”或“多批次、小批量”等收货配送功能以及附加标签、重新包装等流通加工功能。根据使用目的不同，仓库可分为：①配送中心（流通中心）型仓库，即具备发货、配送和流通加工功能的仓库；②存储中心型仓库，即以存储为主的仓库；③物流中心型仓库，即具有存储、发货、配送、流通加工功能的仓库。

物流系统现代化仓储功能的设置，以生产支持仓库的形式，为有关企业提供稳定的零部件和材料供给，将企业独自承担的安全储备逐步转为社会承担的公共储备，减少企业经营的风险，降低物流成本，促使企业逐步形成零库存的生产物资管理模式。

基于“运输”和“仓储”两大基本生产要素系统，物流可以进行有效组织和运作，构成“基础物流体系”。其他包装、装卸、搬运、流通加工、配送、物流信息等功能，均依附于“运输”和“仓储”的相关生产环节。这表明，物流管理最关键的工作是不断改善运输和仓储管理，从而带动其他环节共同提升效率和降低成本。

2.1.2.2 物流的分类

社会经济领域中的物流活动是普遍存在的，但在不同的领域和条件下，物流的表现形式、基本结构、技术特征和运作方法等都存在很大差异。构建高效的物流系统，强化物流管理，应了解物流的分类与形式，鉴别各种类型物流的特点和差异。

（1）现代物流和传统物流。

现代物流和传统物流之间的区别实际上是由物流服务、物流管理、物流技术和物流经济 4 个非固有属性引起的，二者的区别也主要体现在这 4 个方面，见表 2-2。

现代物流与传统物流的区别 表 2-2

内容	传统物流	现代物流
服务	（1）目的是以低成本满足消费者需求； （2）全社会物流服务的规模和能力欠佳； （3）以单项或多项物流为主，兼有少量综合物流服务； （4）有限地区内的物流工程服务； （5）服务质量较低，难以满足现实物流需要； （6）提供正向物流、宏观物流工程服务	（1）目的是以最大收益创造消费者需求； （2）全社会物流服务的规模大、能力强； （3）物流企业以提供综合物流服务为主； （4）可实现跨部门、跨行业、跨区域的物流工程服务； （5）服务质量高，能满足现代物流需要； （6）能提供循环物流、微观物流工程服务
管理	（1）两网合一或多方物流，少量第三方，且功能单一； （2）企业物流自我服务比例高，缺乏退出机制； （3）物流外包意识落后，以传统业务外包为主； （4）以市场或企业交易为主，存在资源配置失灵； （5）正向物流运作与管理	（1）商流网与物流网分离，以第三方物流为主，功能综合； （2）企业物流自我服务比例低，且退出机制自由； （3）具有现代物流外包理念，物流周边业务外包比例高； （4）以战略联盟组织形式为主，兼有少量综合一体化组织； （5）循环物流系统优化与管理
技术	（1）物流功能技术以半机械、半手工作业为主； （2）无外部网络信息整合及 EDI（Electronic Data Interchange，电子数据交换）联系； （3）技术分散，形式单一； （4）有限的或无先进的信息处理技术	（1）物流功能技术机械化、自动化程度高； （2）实时网络信息整合系统，广泛使用 EDI 联系； （3）大量采用综合技术； （4）广泛应用 GPS（Global Position System，全球定位系统）、RFID（Radio Frequency Identification，射频识别技术）、GIS（Geographic Information System，地理信息系统）等信息处理技术

续上表

内容	传统物流	现代物流
经济	（1）宏观经济实力弱，产业结构失衡； （2）管理体制“条块分割”，要素相对独立； （3）政府限制较多； （4）产值、利润低	（1）宏观经济发展实力强，产业结构合理； （2）管理体制实现跨部门合作、产业协调联动及要素集成； （3）政府重视，物流产业政策科学合理； （4）产值、利润高

（2）自营物流、外购物流和第三方物流。

企业自营物流是指物流需求没有走向市场的部分，而由专业的物流企业以第三方的身份来完成供需之间的物流任务被称为是外购物流。其中，专业的物流企业如果采用了现代物流管理的方法和手段，并以合同的形式为客户提供个性化服务，则可以称为第三方物流。

（3）企业物流、行业物流和社会物流。

企业物流是生产和流通企业围绕其经营活动所发生的物流活动，包括供应物流、生产物流、销售物流、回收物流与废弃物流等。行业物流的发展与行业本身的成熟度密切相关，不同行业物流之间的差距较大，我国相对成熟的行业物流包括零售物流、冷链物流、快递、应急物流等。社会物流主要包括区域物流、国内物流和国际物流。国际物流是国际贸易的一个必然组成部分，是现代物流系统中的一支新兴力量，也是当代物流研究的重要领域。

2.1.3 交通运输与物流的关系

交通运输是物流活动的核心组成部分，是物流系统的基础环节和依托载体。物流业包含了交通运输所有的内容，交通运输业是物流业最重要的组成部分。现代物流业在很大程度上是由传统交通运输业发展演进而来，而现代物流业的发展势必给传统交通运输业带来深远的影响，并将逐步融合，走向一体化。当前，我国物流业仍处于以运输为主导的初级发展阶段，运输结构、运输组织、运输装备的发展水平决定着物流业的发展形态。以现代物流的理念，整合交通运输各种资源，拓展服务功能，提升服务水平和运作效率，引领传统交通运输业向现代物流业转型发展，成为我国现代物流发展的主要路径。交通运输在我国现代物流发展中具有十分重要的基础和主体作用，必须顺应时代发展要求，积极主动作为，立足交通运输行业，着力推动现代物流的快速发展。

（1）发挥物流主战场作用，是交通运输行业承载的历史使命。

①交通运输是物流体系的基础。交通运输是物流的依托载体，是实现物流目的的手段。运输是物流系统的核心功能，对物流过程的增值具有重要影响。综合运输体系的完善，是现代物流高效运作的基本前提。

②运输服务水平决定物流发展进程。与我国工业化阶段相适应，我国物流业仍处于运输主导的初级阶段：以分散的制造业物流为主体，大宗物资流量大，货物运输强度高[1]；运输组织化程度低，运输各环节衔接不畅、多式联运瓶颈多，运输效率难以有效提升。总体而言，运输形态、运输结构、运输组织对物流的影响最为显著，以运输为主导的传统物流仍是我国现阶段物流发展的客观现实。

③交通运输成为现代物流发展的主战场。运输系统的转型升级，成为现代物流发展的首要路径。综合交通基础设施网络的完善，枢纽站场物流集聚功能的增强，都将极大优化我国物流发展的空间格局；运输组织效率的提升更是潜力巨大，将对降低全社会物流成本具有重要影响；运输市场主体的结构优化，已成为培育和规范物流市场的关键环节。今后一段时期，交通运输行业始终将是我国物流发展的主战场，也是促进现代物流发展的主力军。

（2）促进现代物流业发展，是新时期交通运输发展的战略选择。

①促进现代物流发展，将成为交通运输行业重要的职责要求。新一轮交通运输大部制改革，为各种运输方式的资源整合、结构优化创造了条件，通过统筹综合运输布局规划、政策法规和标准规范，充分发挥各种运输方式的整体优势和组合效率，将为现代物流运作搭建起更高效的基础平台。依托“大交通”发展“大物流”，既是客观规律，也是现实要求。交通运输行业将在加快推进综合运输体系建设的同时，承担起物流发展更多的职责。

②促进现代物流发展，将拓展交通运输新的发展空间。以现代物流的理念，整合交通运输各种资源，促进运输服务链条向上、下游延伸，提升服务品质和一体化运作效率，引领传统货运业向现代物流业转型发展，这尚有很大的发展空间。

③促进现代物流发展，将树立交通运输新的行业形象。从交通运输自身看，基础设施建设是手段，运输服务是目的；从物流系统发展看，运输服务是手段，

[1] 我国的公路货物运输强度是美国的 4.4 倍。

物流管理是目标。只有以更高的站位，主动促进并融入现代物流业发展中，交通运输才能很好地回应社会公众的关切和期待。

2.2 管理体制基础理论

2.2.1 行政管理体制内涵

2.2.1.1 行政管理

行政管理是指政府对社会公共事务[1]的管理，又称公共行政。在公共行政理念下建设服务型政府，是我国深化行政管理体制改革的最高目标。行政管理的主体有两类：一是职权行政主体，指各级人民政府及其所属职能行政机关，如交通运输厅（局、委）；二是授权行政主体，指具有法律法规授权的公共管理机构，如地方道路运输管理局、海事局等行政类事业单位。行政管理客体主要是公共物品和公共服务。由于公路、航道、铁路、港口、机场具有典型的公共物品属性，各种形式的客货运输被广泛认同为具有服务大众的公共属性，因而交通运输成为世界各国社会公共事业的重要组成部分，是政府行政管理的重点领域。

行政管理手段主要包括 3 种：①行政手段。凭借上下层级关系，通过请示汇报和下达行政指令来施政。②经济手段。运用价格、税费、信贷、利率、罚款等经济杠杆调节利益关系。③法律手段。运用法律规范来施政。我国行政管理的总体导向是鼓励使用经济手段、法律手段，减少使用行政手段，坚持依法行政，没有法律法规的明确规定避免开展行政活动。

2.2.1.2 行政管理体制

行政管理体制是指政府为实施行政管理所建立的权责体系、组织机构体系、运行模式和法规制度的总称。行政管理体制主要包含 5 个内在要素：

（1）管理对象。管理对象即所谓管什么的问题，物流管理体制主要管“物

[1] 社会公共事务，广义上可以被定义为组织的所有非商业化行为；狭义上指的是组织涉及的政治活动及其与政府的关系。

流”，首先要界定物流的组成要素、构成环节，应包括物流基础设施、物流市场主体、物流运作规则以及运输、储存、装卸、搬运、包装、流通加工、配送、信息处理等基本功能环节。

（2）管理范围。管理范围即确定管理的边界，不同的管理主体（政府、行业组织等）有不同的边界，其中核心是处理好政府和市场之间的关系，政府该管的要管好，不该管的坚决不管。

（3）组织机构。组织机构即管理机构的设置，实际上是一个管理机构的组成体系，其核心是解决各类、各层级机构的组合方式，最重要的是横向（部门设置）、纵向（层级设置）结构，其交叉组合构成组织机构体系的基本框架。

（4）管理职能。管理职能即明确每类、每个层级管理机构的职责定位，包括管什么、怎么管、发挥多大作用等。

（5）管理手段。管理手段即与管理职能相匹配、履行职责所必要的权能手段、职权的运行模式等，如行政管理职能则需明确通过法律法规授权，并建立相应的工作规范，严格依法行政。

2.2.1.3 行政职能转变

行政管理职能是指国家行政机关在一定历史时期内，根据社会发展需要所承担的职责和发挥的功能。政府的行政管理职能与其政治体制是相适应的，同时又受到国家社会发育状况、经济发展水平等因素影响，具有动态性、系统性、有限性、法定性等特点。政府职能转变最终要体现为政府职能定位。

我国已明确提出政府的四大职能：①经济调节。经济调节的重点是健全宏观调控体系，主要运用经济、法律手段和必要的行政手段引导和调控经济运行。②市场监管。市场监管的重点是推进公平准入，完善监管体系，规范市场执法，构建现代市场体系。③社会管理。社会管理的重点是促进就业和调节收入分配，完善社会保障体系，健全基层社会管理体制，维护社会公平正义和社会稳定，健全突发事件应急管理机制。④公共服务。公共服务的重点是完善公共政策，健全公共服务体系，增强基本公共服务能力，促进基本公共服务均等化。

当代行政管理职能发展呈现出两个基本趋势：

（1）经济管理职能逐步弱化，而社会管理职能则不断加强。政府逐渐放松对经济的直接干预，转而通过制定经济发展规划、相关法律法规等方式间接引导经济发展。同时，不断加大社会管理力度，以期在公共服务、保障社会公平和环境保护等方面发挥更大作用。

（2）行政管理职能社会化。即原来由政府包揽的许多事务改由社会团体、群众组织、社会中介组织来办理。大力培养社会组织、非政府组织，使各类社会中介组织承担更多的信息交流、引导协调、监督检查等社会服务工作，有助于政府更为轻松有效地履行其职能，提高政府对社会经济的总体管理能力。

2.2.1.4 行政组织结构

行政组织结构是各种行政机构的组合方式。行政组织结构中最重要的是横、纵向结构，其交叉组合构成行政组织系统的基本框架。横向结构是指横向分工形成的部门化。现代行政基于精简、效能、经济的原则，强调整合同类管理对象、明确责任目标、减少交叉和重叠，这是各国普遍趋向大部制的重要理论依据。纵向结构是指纵向分工形成的层级化。纵向结构要处理好行政层次（行政层级的数目）和行政幅度（管理下级的数目）的关系，传统结构形式是金字塔形，现代行政由于信息和网络技术发展而趋向扁平化。

我国行政管理体制是"条块结合"的矩阵结构，纵向的结构维度是嵌套式的"块块"体系，而横向的结构维度是功能化的"条条"体系。国家行政管理体制改革就是优化"条块结合"的体制（组织）和机制（决策）。我国政府现行的条块结合式组织结构基本满足了特殊国情和特定阶段的行政需要，但长期以来也积累了一些问题，主要是：横向部门设置过细，纵向行政层级过多；机构交叉重叠，职能混杂，权责关系紊乱；决策、执行、监督部门不分，参谋咨询及信息反馈部门又相对薄弱，亟待通过深化改革予以解决。

2.2.2 行政管理体制理论

2.2.2.1 "科层制"理论

（1）理论机理。

科层制又称官僚制，是建立在马克斯·韦伯的组织社会学基础上的理论。马克斯·韦伯认为，科层制并不是指一种政府类型，而是指一种由训练有素的专业人员依照既定规则持续运作的行政（管理）体制。它旨在理解现代社会组织最为一般的特征和类型，具有专门化、权力等级、规章制度以及非人格化四大基本特征。彼得·布劳和马歇尔·梅耶指出，“在如今的社会里，科层制已经成为一种主导性的组织制度，实际上已经成为现代性的缩影。除非我们理解这种组织制度，否则我们无法理解今天的社会生活”。

科层制的结构特征主要有5点：①建立组织目标，并把它作为正式的职责分配到每个工作岗位。②在组织内部实行等级制，建立合法权威。下一级组织受上一级组织的领导，每个职员受上级领导的控制和监督，各个成员将接受组织分配的活动任务，并按分工原则专精于自己岗位职责的工作。③通过稳定的规章程序运作。其组织活动是由一些固定不变的抽象规则体系来控制的，这个体系包括了在各种特定情形下对规则的应用，每位成员都了解自己所必须履行的岗位职责及组织运作的规范。④职位占有者具有非人格化的理性特征。官员在处理公务时不受私人感情的影响。⑤普遍性的用人标准，量才用人。科层制组织中的职业人员必须在技术素质上合乎要求，但也不能被随意解雇。

（2）我国“科层制”的典型特征。

我国大部分社会组织都具有某些科层制特点，如专业化、权力等级、规章管理等。这些大多是由明文规定了的制度体系所构成的组织的表层结构，在形式上表现出一种科层制合理性，然而在实际运作中科层组织结构的科学化建设不尽合理，科层组织管理体制存在很多问题。

①机构职能交叉，机构增设随意。机构的设置未按有关组织法的规定进行科学论证，人为因素影响很大，导致机构臃肿、效率低下，我国很多公民、企业有着依附于官员、部门、地方政府的政治文化传统，“寻租”行为[1]比较突出。

②权力过于集中，组织中个体的影响力过大。组织的运行遵照个人的权威，而不是正常的组织规范。

③组织行为缺乏理性。受长期封建思想观念的影响，我国各类科层组织普遍形成了“家长制”的管理作风，这就违背了科层组织最基本的理性特征。

④法规制度稀缺。社会治理中依靠说教和道德自律的现象比较多，许多领域法律法规都比较欠缺。

[1] “寻租”行为是指人们凭借政府保护而进行的寻求财富转移的活动，包括“旨在通过引入政府干预或者终止它的干预而获利的活动”。

⑤部门主义、本位主义泛滥，小团体主义作风盛行。

因此，应当客观、全面地学习和掌握科层制的基本理论、组织原则和行为规范，把它作为行政管理体制改革的理论依据，进行行之有效的改革。

2.2.2.2 “交易成本”理论

（1）理论机理。

罗纳德·科斯在1937年的《企业的性质》[1]中提出，交易成本是市场交易的双方搜寻、谈判、缔约、履约、监督等成本。在1961年的《社会成本问题》中，科斯提出，产权清晰与权责明确是降低交易成本、减少制度摩擦的基础。1990年，道格拉斯·C·诺思发表《交易费用政治学》，标志着交易成本政治学的正式诞生。诺思认为，由于政治市场存在信息成本、决策者有限理性、合同实施不完全、不确定等因素，政治市场的交易成本高于经济市场。交易成本政治学认为，不同的制度安排具有不同的激励机制和效率机制，适宜的制度变迁和制度改革能够降低政治领域的交易成本，因此，降低交易成本、提高行政效能可以作为行政体制改革的源动力。

降低政治交易成本主要包含降低行政成本、协调成本、决策成本、信息成本、“寻租”成本等。例如，政府在履行职能和提供服务时必然会涉及内部间、内外部间组织和人员的协调、沟通，而协调成本和沟通成本的高低影响着政府的效率和效能，因此降低协调成本是行政改革的主要动力。政府的协调成本涵盖横向协调成本和纵向协调成本，横向协调成本即同级政府部门之间、机构之间、政府与市场、社会之间协调的成本，纵向协调成本即中央政府与地方政府之间协调的成本。

（2）我国的“大部制”改革。

“大部制”改革把业务范围及事项相近或雷同的整合为一个部门统一管辖，向“宽职能、少机构、广职能”的方向发展。实行大部制设置，整合了不同部门之间的利益格局，消除了部门之间的制约因素，最大限度地避免政府职能交叉、政出多门、多头管理，破除了部门之间的信息壁垒，减少了各个部门的机

[1] 《企业的性质》与《社会成本问题》是罗纳德·科斯在1991年获得诺贝尔经济学奖的两篇论文。在这篇并不长的文章里，科斯通过回答两个基本的问题：企业为什么会存在？企业的规模由什么因素决定？为企业理论作出了历史性的贡献。

会主义倾向，部门之间“扯皮”转变为部门内部协调，从横向上减少了交易成本，提高了行政效率。当然，在大部制改革的过程中，部门间交易成本和内部的管理成本是此消彼长的，当部门规模扩大时，交易成本下降，但管理成本上升。政府部门的设置并非越大越好，因此，大部制改革首先必须科学合理地界定政府与市场、政府与社会的边界，将政府的职能真正定位为与社会主义市场经济体制相符的宏观管理和公共服务上来，通过充分发挥市场配置资源的基础性作用和积极培育社会中介组织等措施节约政府交易成本，同时还要科学界定政府各职能部门及内设机构的职责权限，避免职能交叉重叠或职能真空引发的交易活动。

2.2.2.3 “制度变迁”理论

（1）理论机理。

制度不是一成不变的，而是一个产生、发展、消亡的过程。制度变迁的实质是高效率制度的出现或者是效率更高的制度对原有制度的替代。制度变迁是对制度非均衡的反应，制度能否发生变迁取决于是否能出现推动制度变迁的行动主体。从不同的角度看，制度变迁有不同的分类，而在一个社会制度变迁过程中，各种不同制度变迁方式可以有机组合，以寻找到最贴近现实需求的制度变迁方式。根据变迁的规模不同，制度变迁可以分为整体制度变迁与局部制度变迁；根据变迁的速度不同，制度变迁可以分为渐进式制度变迁和激进式制度变迁；根据变迁的主体不同，制度变迁可以分为诱致性制度变迁与强制性制度变迁。

制度变迁不是线性的，它极容易陷入路径依赖。道格拉斯·C·诺斯认为，一种具有适应性的有效制度演进轨迹将允许组织在环境的不确定下选择效用最大化的目标，允许组织进行各种试验，允许组织建立有效的反馈机制，去识别和消除相对无效的选择，并保护组织的产权，从而实现长期的绩效增长。一旦在起始阶段带来报酬递增的制度发展到一定阶段后，在市场不完全、组织无效的情况下阻碍了生产活动的发展，便会产生一些与现有制度共存共荣的组织和利益集团，那么这些组织和利益集团就不会推动现有制度的变迁，而只会加强现有制度，由此产生维持现有制度的政治组织和利益集团，从而使这种无效的制度变迁路径持续下去。路径依赖的深层次原因是利益集团的存在和意识形态

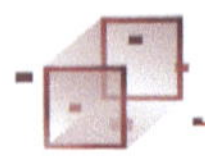

的延续。

（2）我国行政体制变迁。

改革开放 40 年来，我国行政体制改革采取了渐进式改革的方法，在不对原有根本制度做较大改变的情况下，逐步改革限制或者阻碍经济发展的制度，最终建立起适应市场经济发展需要的行政管理体制。我国的渐进式改革虽然减少了改革中可能产生的摩擦，降低了改革成本，促进了行政管理制度的变迁，40 年的改革也显示了其有效性，但因改革不能一步到位，加之通常把最困难的留在后面，导致越改革越难，积累的问题也越来越多，这些问题逐渐成为制约经济进一步发展的巨大阻碍。例如，部门间管制重复与推诿现象严重。一方面，部门管制横向设置重复。同一个事项由多个不同部门或同一个部门的不同机构交叉进行，这样导致同一项目重复交叉审批的现象很严重，增加了企业和社会负担，同时也加大了行政审批成本，影响了行政机关办事效率；另一方面，部门上下级之间的重复设置使得一个事项上级和下级都有管理权。部门间重复管制设置使得监管职权碎片化，监管推诿现象大量存在，既降低了整个社会发展的活力和动力，也创造了政府部门等权力“寻租”的空间。

此外，我国行政管理体制改革进程缓慢与制度变迁中存在的路径依赖现象密不可分。既有“强政府，弱社会”的管理制度、改革中的利益之争以及国家治理体系中渗透的意识形态都影响着我国行政管理体制的现代化转型。未来，我国行政管理体制改革需要将自上而下的强制性变迁与自下而上的诱致性变迁相结合，加大力度，破除制度变迁中的路径依赖。

2.3 物流管理体制内涵

2.3.1 物流业对管理的要求

（1）适应复合型产业管理的客观要求。现代物流产业的复合性，一方面

决定了其发展必须建立在各个相关部门良好沟通和协调的基础上，另一方面也决定了不可能把所有涉及物流的部门组合在一起成立一个新的独立的政府部门来对物流业实行集中统一的管理。事实上，在物流业相关管理体制上，分部门管理本身并非问题，问题在于管理机制。即不同管理部门间缺乏横向协调保障机制，各部门所属的各级管理机构仅对自己的直接上级负责，横向沟通困难，从而不利于企业和行业的横向联系和物流系统的形成和发展。

（2）适应现代服务业以及生产性服务业的管理要求。物流业是融合运输、仓储、货代、信息等产业的复合型服务业，对于促进产业结构调整、转变发展方式、提高国民经济竞争力和建设生态文明具有重要意义。在产业管理中必须同时注重与工业（主要是制造业）、农业生产过程的深度融合，增强服务功能，推动提升产业竞争力。

（3）适应基础性产业管理的客观要求。基础性产业所涉及的基础设施具有较强的公共性和公益性，政府有责任适度超前地加强公共基础设施的规划与建设。就物流而言主要是交通运输设施网络、仓储、物流园区等，还包括物流公共信息平台。政府加强基础设施建设的目的是为各种物流业态的高效运作搭建更好的平台。同时，基础产业还表现出对其他产业必不可少的支撑，因此物流管理还需要注重需求导向。

（4）适应战略性产业管理的客观要求。作为战略性产业，政府应当在产业政策中将物流置于优先地位，并在投资、税费、规制建设等领域给予适度的政策倾斜。同时，加强对技术和管理创新的引导和支持力度，切实推进物流业朝着知识技术密集、资源集约利用、可持续发展能力强、成本效益最优的方向发展。

2.3.2 物流管理体制的内涵

物流管理体制是指政府和行业在管理物流产业的过程中所形成的关于组织机构的设置、权力和职能的划分以及机构运行机制等方面的规则和制度，包括管理对象、管理范围、组织机构、管理职能、管理手段五要素。

2.3.2.1 管理对象

从广义上讲，物流管理体制的管理对象是物流产业，物流业是物流资源产业化而形成的一种复合型或聚合型产业，既具有局部的独立产业形态，又在整体上具有以共同使用的技术为媒介的多个产业交叉和融合的特殊产业形态。由此，狭义上讲，物流管理体制的管理对象是物流资源产业化而形成的运输业、仓储业、装卸业、包装业、加工配送业、物流信息业等。

2.3.2.2 管理范围

物流业是一种聚合型产业，是涉及多个产业交叉和融合的特殊产业形态。因此，物流管理体制范围广泛，既涉及物流资源产业化相关的运输业、仓储业、装卸业、加工业的基础设施、装备、信息化建设、政策、法规和相关企业，也涉及其他交叉领域中的物流相关部分。

2.3.2.3 组织机构

我国经济管理分工细致，生产和流通领域都分别设置管理部门，自成体系、多头领导。物流业是一个综合性很强的产业，贯穿生产、流通、消费以及回收的全过程，因而其组织机构涉及诸多部门。物流管理组织机构从纵向上分类包括中央政府、各省（直辖市）政府、各地市政府；从横向上分类包括生产、流通、环保等部门，即交通运输部（运输服务司、水运局、海事局及各省市交通运输厅货运处、运管局、港航局等）、国家发展和改革委员会、商务部、工业和信息化部、海关总署、国家税务总局等部门，以及相关行业协会。

2.3.2.4 管理职能

物流业作为国民经济的重要组成部分，在产业演变进程中，同样存在着“市场失灵”现象。例如，物流业具有明显的规模经济效应和外部性等，这需要政府介入物流管理以解决物流业中存在的“市场失灵”问题，物流管理体制职能就是指政府各个职能部门在物流业管理中具有的计划、组织、领导、控制的功能和作用。物流业的市场失灵主要表现在以下几个方面：

（1）垄断。物流企业效率受制于行业竞争，但市场竞争必然会产生优胜劣汰以及集聚集中，从而导致垄断的出现，并且由铁路、公路、水路、航空、管道几种运输方式组成的综合运输体系存在一定程度的自然垄断特性。我国物流业中的铁路、高速公路、水运港口设施、民航、管道运输等分支均属于带有垄断性质的行业。

（2）公共物品。以物流信息系统、物流基础设施等为代表的物流公共产品所创造的利益不可能完全归开发者所有，因此，若完全依靠市场机制调节，难以避免产生供给不足或者“搭便车”现象。物流业的发展离不开交通网络设施、信息网络设施和大型仓储基地等社会分摊资本[1]，私人企业因得不到应有的高效收益而不愿意建设或无力建设。物流公共产品的缺乏会大大降低物流资源配置的效率，甚至会因此而使物流业成为国民经济的“瓶颈产业”，这就需要依靠政府供给或给予扶持，采取有力措施，提供具有公共属性的物流基础设施，努力改善物流条件，促进物流业的发展。

（3）信息不对称。物流服务各方关于物流服务质量等信息往往是不对称的，缺乏公开信息渠道，物流活动主体之间任何一个环节出现信用问题，都将增加交易成本，影响物流服务的效率。另外，由于存在部门利益之争，加之缺乏相应的法规，我国流通企业之间、流通企业与消费者之间信息不对称的现象严重。这种信息不对称常常会带来市场行为混乱、物流资源失衡等后果。要想降低其对物流发展的负面效应，政府应适当介入，通过组织信用立法、制定信用等级评价制度及建立专业征信机构等方式来加强对行业的规制。

（4）外部性。物流活动具有空间活动特征，许多物流基础设施具有外部经济性。例如，物流节点的运营要依赖交通设施的外部性；多功能、高层次、集散功能强、辐射范围广的社会化综合物流中心会对企业投资等产生正外部性，但也可能会导致城市道路拥挤等。同样，物流企业的运输成本一般不包括交通拥挤、事故、噪声及空气污染等方面引起的外部成本，企业或行业效益也不包括地区和社会所得到的正外部性。

物流业的“市场失灵”现象难以避免，这也为政府干预提供了理论依据。政府作为制度创新方面具有优势的社会组织，在决定一国物流业发展方向和模式方面的作用凸显，它有权选择具体的物流制度和物流结构。虽然企业致力于物流技术创新和扩散，但政府可以通过制定物流政策促进物流业发展和结构优化。

[1] 社会分摊资本是指用于基础设施以及相关活动的投资，具有“不可分性”特征，投资大、回收期长、自身效益低、风险高。

2.3.2.5 管理手段

物流管理体制包含的管理手段，是指在物流业中为保障体制、机制有效运转的方法与工具。根据管理手段的形式不同，可分为他律性手段和自律性手段。

（1）他律性手段。他律性手段即与物流业相关的法律、法规和政策。目前，我国经济生活中调整物流秩序的法律条款一般散见于法律、行政规章制度、国际通行准则和各种技术法规等，这些法律涵盖了现代物流中的诸多方面，包括物流主体、物流活动等，形成了较为松散的物流法律服务体系。这样的物流服务法律体系在一定程度上满足了产业发展的法律需求，尤其是协调传统物流运输方面的法律法规较为完备，对物流运输进行了较好的规范。但是，这些法律法规分别由公路、铁路、水路、航空等多个管理部门立法制定，部门之间的事物执行和协调存在一定难度。总之，我国物流法制服务建设时间不长，尚需进一步健全，法与法之间的衔接还有待于进一步协调。

（2）自律性手段。自律性手段是指物流行业内由行业协会等行业管理组织制定的行业标准和规范，它们是由规范市场竞争秩序的内在要求而自发产生的。

第 3 章　中国物流管理体制现状与问题

伴随着我国行政机构的变革，物流管理体制改革也在探索中不断推进，逐步形成了以各部门职能管理为主、部门间统筹协调为辅的物流行业管理体制。本章对我国各管理层级的物流管理职能、物流管理体制以及物流管理法律法规进行梳理，发现目前我国物流管理体制仍存在物流管理综合化程度较低、主管部门管理职责不清晰、物流管理职能界定不科学、物流管理运行机制不健全等问题。

3.1　中国物流管理体制现状

改革开放以来，我国经历了 8 轮行政机构改革，物流管理体制改革也在不断深化。国家层面，积极推进政企分开、政事分开、部门合作，地方省（自治区、直辖市）也进行了多方探索，成立了地方物流工作联席会议制度或者独立的物流主管部门，一定程度上解决了物流管理部门交叉和职责关系不顺的问题，物流行政管理的职能转变迈出重要步伐，物流业整体服务水平明显提高。

3.1.1　物流管理职能分布

改革开放以来，我国物流相关管理机构演变示意图如图 3-1 所示。

目前，我国的物流管理体制涉及的部门主要有国家发展和改革委员会、国有资产监督管理委员会、工业和信息化部、商务部、交通运输部等，上述部门具体的管理职能如图 3-2 所示。

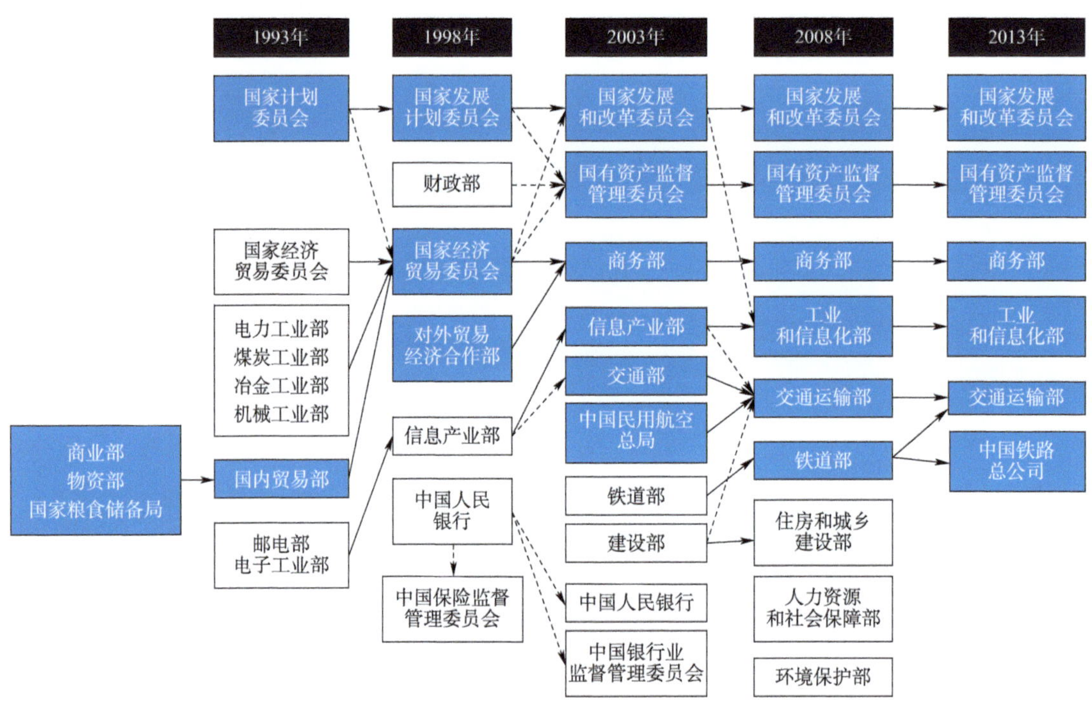

图 3-1　我国物流相关管理机构演变示意图❶

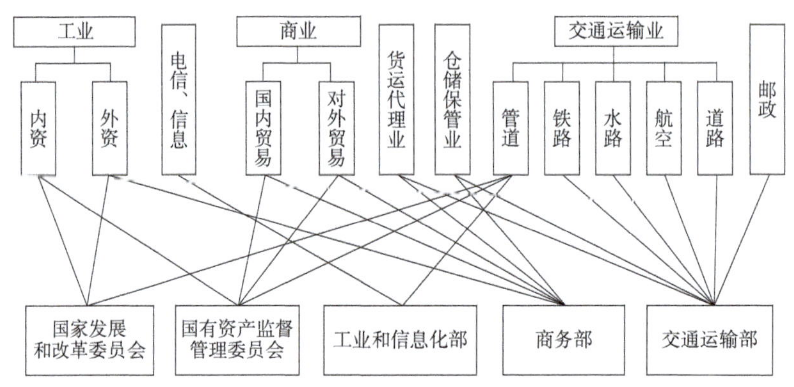

图 3-2　我国物流领域管理部门的分工

（1）交通运输部。

①运输服务司。运输服务司负责拟订综合交通运输基本公共服务标准并监督实施，承担协调与衔接工作；负责指导综合交通运输枢纽管理；负责指导城乡客运及有关设施的规划、运营管理工作；负责城乡道路运输市场监管，负责运输线路、营运车辆、枢纽、运输场站等管理工作；负责指导城市客运管理，拟订相关政策、制度和标准并监督实施；负责指导公共汽车、城市地铁和轨道

❶　加蓝底的部门表示直接管理部门，虚线表示部分职能的转移。

交通运营、出租汽车、汽车租赁等工作；负责拟订经营性机动车营运安全标准，指导车辆维修、营运车辆综合性能检测管理，参与机动车报废政策、标准制定工作；负责机动车驾驶员培训机构和驾驶员培训管理工作；负责跨省客运、汽车出入境运输管理；按规定负责物流市场有关管理工作；负责组织协调国家重点物资运输和紧急客货道路运输；负责起草有关道路运输安全生产政策和应急预案，组织实施应急处置工作；指导有关道路运输企业安全生产监督管理工作。

②综合规划司。综合规划司负责组织拟订综合交通运输发展战略和政策，组织编制综合交通运输体系规划；负责拟订铁路、公路、水路发展战略、政策和规划，统筹衔接平衡铁路、公路、水路、民航等规划，指导综合交通运输枢纽规划，负责有关规划和建设项目的审核工作；负责参与拟订物流业发展战略和规划，提出有关政策和标准；负责提出铁路、公路、水路固定资产投资规模和方向、国家财政性资金安排意见并监督实施，按国务院规定权限审批、核准国家规划内和年度计划规模内固定资产投资项目；负责组织编制港口规划和岸线使用审查工作；负责有关环境保护、利用外资工作；负责综合交通运输统计工作，监测分析交通运输运行情况，发布有关信息；负责国防动员、交通战备工作。

（2）国家发展和改革委员会。

①经济运行调节局。经济运行调节局负责监测研判经济运行态势并提出相关政策建议，协调经济运行中的重大问题。承担供给侧结构性改革相关工作。统筹协调煤电油气运保障工作并组织应对有关重大突发性事件，提出安排相关物资储备和动用的建议。

②经济贸易司。经济贸易司负责监测研判国内外市场及外贸形势并提出政策建议。承担重要商品总量平衡和宏观调控相关工作。拟订粮食、棉花、食糖、化肥等中央储备的规划和总量计划。拟订现代物流业发展战略、规划和政策，协调流通体制改革有关重大问题。

③产业发展司。产业发展司负责组织拟订综合性产业政策。统筹衔接工业发展规划。拟订支持实体经济发展、加快发展先进制造业的政策措施，会同有关部门提出工业重大项目布局建议和相关产业重大工程并协调实施。协调重大技术装备推广应用和产业基地建设。拟订并协调实施服务业发展战略、规划和

政策。

（3）商务部。

流通业发展司负责牵头建设、完善国内贸易市场组织体系，促进市场主体发展，推广现代流通方式，培育并指导商贸流通行业中介组织；提出推动流通业发展的立法建议，起草相关法规、规章、规划、标准，拟订有关政策；推动流通标准化和流通行业科技进步，牵头组织协调流通行业标准相关工作，促进流通技术应用和现代化发展；推动连锁经营等现代流通方式发展，负责商业特许经营相关管理工作；建设中小微流通企业公共服务体系，促进商贸中小微企业发展，负责流通领域安全生产管理工作；推进商贸物流体系建设，促进物流加工、供应链管理等新兴业态发展；促进绿色流通发展，推进再生资源回收和流通领域节能减排工作；推动特殊流通行业有序发展，按有关规定对拍卖、旧货流通、免税商店等进行监督管理。

3.1.2　各级物流管理体制

3.1.2.1　国家层面的物流管理体制

2004年8月，经国务院批准，国家发展和改革委员会等9部门联合印发《关于促进我国现代物流业发展的意见》（发改运行〔2004〕1617号），提出了“为加强综合组织协调，建立由国家发展和改革委员会牵头，商务部等有关部门和协会参加的全国现代物流工作协调机制”。现行的国家物流运行管理机制是2005年经国务院批准、国家发展和改革委员会下发的《关于建立全国现代物流工作部际联席会议制度的通知》（发改运行〔2005〕288号）建立的全国现代物流工作部际联席会议制度。

（1）联席会议成员（部级）。

联席会议成员包括国家发展和改革委员会、商务部、铁道部、交通运输部、信息产业部、中国民用航空总局、公安部、财政部、海关总署、工商总局、税务总局、质量监督检验检疫总局、国家标准化管理委员会、中国物流与采购联合会和中国交通运输协会共15个部门和单位，由各部门的部长级领导作为全国现代物流工作部际联席会议的成员。

（2）联席会议办公室成员（司局级）。

全国现代物流工作部际联席会议下设办公室，办公室设在国家发展和改革委员会经济运行局。主任由经济运行局局长担任，副主任由国家发展和改革委员会经济贸易司主管司长担任。国家发展和改革委员会交通运输司、国家发展和改革委员会产业政策司、商务部商改司、商务部外贸司、铁道部运输局、交通运输部公路司、交通运输部水运司、信息产业部科技司、公安部交通管理局、财政部经济建设司、海关总署监管司、税务总局所得税管理司、中国民用航空总局运输司、工商总局权益保护局、国家质量监督检验检疫总局监督司、国家质量监督检验检疫总局通关司、国家邮政局、国家标准化管理委员会、计划与信息部、中国物流与采购联合会、中国交通运输协会的司局级领导作为办公室成员。

（3）联席会议办公室联络员（处级）。

为充分发挥协调机制的作用，建立经常性的磋商机制，在部际联席会议的框架下搭建了一个工作平台，这就是部际联席办公室联络员制度。由部际联席会议各成员单位的处长作为联络员，承担日常的事务性工作。

（4）部际联席会议职责。

汇总各成员单位在推进现代物流工作方面的情况；组织专题分析研究现代物流工作中存在的突出矛盾和重点问题；完成联席会议交办事项；向联席会议提出解决问题的对策建议；负责督办部际联席会议议定的各项事宜。

（5）工作的主要规则。

部际联席会议办公室是部际联席会议的办事机构，日常工作由国家发展和改革委员会经济运行局承担；主任由国家发展和改革委员会经济运行局主管局长担任，部际联席会议成员单位的有关司局级负责同志担任办公室成员，有关处长担任联络员；部际联席会议办公室原则上每季度召开一次会议；部际联席会议办公室会议由办公室主任召集，参加人员为办公室主任、副主任、成员和联络员，也可召开部际联席会议办公室联络员会议，必要时可邀请与议事相关的其他部门有关人员参加。办公室会议以纪要形式明确议定事项，对议定的事宜，部际联席会议办公室负责督促落实；各成员单位要认真研究部际联席会议及办公室议定的涉及本部门的事宜，涉及本司局以外的本部门其他司局的问题，要及时与相关司局协商；根据办公室要求，提供工作的进展情况、相关材料和文件；各成员单位在制定与现代物流相关的文件、规章和法规时，要向部际联席会议办公室通报，如涉及其他部门时，要提交部际联席会议办公室商议，重大问题提交部际联席会议研究。

3.1.2.2 省级层面的物流管理体制

我国大陆地区的各省、自治区、直辖市大多建立了由某部门牵头管理的联系工作小组机制（表3-1），为建立科学规范的物流管理体制作出了积极探索，积累了丰富的实践经验。

省级层面物流归口管理情况统计表 表3-1

物流归口	省份	数量
发展和改革委员会	新疆、黑龙江、吉林、辽宁、河北、安徽、江西、湖南、湖北、甘肃、陕西、四川、云南、河南	14
商务委员会	北京、上海	2
商务厅	西藏	1
交通运输厅	天津、宁夏、浙江	3
经济贸易委员会	青海、山东、福建	3
经济和信息化委员会	江苏	1
多头监管	内蒙古、广西、山西、海南、贵州、广东	6

目前，总体上形成了两种管理模式：

（1）由综合经济管理部门负责。

2003年10月，湖南省成立了由湖南省政府主管领导挂帅，湖南省经济和信息化委员会牵头，湖南省发展和改革委员会、湖南省商务厅等21个部门参加的湖南省推进现代物流业发展工作领导小组。2005年6月，湖南省政府办公厅根据国家发展和改革委员会要求，以湘政办函〔2005〕82号文复函国家发展和改革委员会，明确湖南省经济和信息化委员会为全省负责现代物流工作的牵头单位。福建省人民政府办公厅印发的《关于成立省现代物流业发展促进协调小组的通知》（闽政〔2005〕10号）中指出，协调小组下设办公室，办公室由福建省经济贸易委员会、福州大学物流研究院、省物流协会（筹）组成，福建省经济贸易委员会负责协调小组日常工作。同样，青海省现代物流发展领导小组办公室设在青海省经济贸易委员会。陕西省、河北省现代物流业发展领导小组办公室分别设在陕西省、河北省发展和改革委员会。

（2）由交通运输部门负责。

宁夏回族自治区成立自治区现代物流业发展领导小组，领导小组由一名副主席为组长，由政府办公厅、交通运输厅、发展和改革委员会、商务厅、经信委等相关部门组成，领导小组办公室设在交通运输厅。领导小组定期召开全区物流工作联席会议。各相关部门要明确分工，落实责任，密切配合，共同推进全区现代物流业发展。

天津市交通委员会设立物流处，浙江省交通厅运输管理局设物流处，并均由政府牵头成立了“现代物流业发展领导小组”，下设的“现代物流业发展领导小组办公室”均设在交通运输部门。

浙江省政府牵头成立了“浙江省物流发展领导小组”（浙政发〔2008〕64号），由主管副省长任组长，政府各相关职能部门为小组成员，共同拟定浙江省物流发展的政策意见，11个地级市也都成立了物流发展领导小组，由浙江省交通厅具体负责。

天津市政府牵头成立“天津市现代物流发展推动领导小组”（津政函〔2001〕128号），由主管副市长任组长，政府办公室副主任和市交通委员会主任担任副组长，相关职能部门主要负责人均为小组成员，在市交通委员会设立“天津市现代物流发展推动领导小组办公室”。天津市物流处主要职责是贯彻执行国家有关物流发展的方针、政策，组织制定物流发展规划，贯彻执行国家物流技术标准，组织制定物流市场规则，推广现代物流技术、信息化技术和标准化建设等。

3.1.2.3 市级层面的物流管理体制。

我国主要城市的物流管理体制见表3-2。

我国主要城市的物流管理体制　　表3-2

物流归口	城　　市	数量
发展和改革委员会	呼和浩特、乌鲁木齐、银川、南宁、哈尔滨、长春、沈阳、石家庄、南京、武汉、兰州、西安、昆明、宁波、苏州、汕头、珠海、三亚	18
商务局	郑州、拉萨、贵阳	3
商业委员会	南昌	1
交通运输局	西宁、成都、深圳、青岛、厦门	5

续上表

物流归口	城　　市	数量
贸易局	杭州	1
经济和信息化委员会	济南、无锡	2
贸易发展局	福州	1
多头监管	太原、合肥、海口、长沙、广州	5

深圳市主抓物流发展工作的是交通运输部门，深圳市政府下发了《关于成立深圳市现代物流业发展工作领导小组的通知》（深府办〔2002〕62号），成立了由常务副市长牵头、各职能部门相关领导为成员的现代物流业发展工作领导小组，下设办公室，设在深圳市交通局物流发展处。深圳市物流处正式编制为5人。深圳市物流发展处实际工作人员7人，履行物流发展的相关职能。深圳市物流发展处工作职责是组织拟定物流产业发展战略、规划及有关政策，经批准后组织实施；组织拟定重点物流项目、物流企业认定办法并组织实施；会同市财政部门监管物流产业发展专项基金；承担市现代物流业发展领导小组办公室日常工作。

3.1.3　地方先进模式探索

3.1.3.1　成立“口岸和物流办公室”

2018年10月25日，重庆市人民政府口岸和物流办公室正式挂牌成立。按照《重庆市机构改革实施方案》要求，将市经济和信息化委员会的物流管理职责，市政府办公厅的口岸管理职责，市发展和改革委员会组织拟订现代物流业发展战略、规划和计划，协调解决现代物流业发展重大问题的职责等整合，组建市政府口岸和物流办公室，作为市政府直属机构。口岸和物流办公室的成立，有利于形成口岸和物流快速发展、联动发展、协同发展的工作合力，加快推进内陆国际贸易物流枢纽和口岸高地建设。

成都市口岸与物流办公室为市政府工作部门，其主要职责是：贯彻执行国家和省、市有关口岸与国际物流工作的法律法规规章和政策；协调指导国际物流产业发展工作，负责拟订国际物流产业发展战略、中长期发展规划和政策措施并组织实施；协调指导国际空港、国际铁路港等国际型物流园区规划建设；协调重大国际物流项目的招商引资工作，协调推进重大国际物流项目建设；协调推进国际航空、国际铁路等国际物流通道建设，负责拟订国际物流通道发展规划和政策措施并组织实施；协调推进口岸服务体系建设和口岸营商环境的优化提升；负责职责范围内的安全生产和职业健康、生态环境保护、人才队伍建设等工作；以加快推进空中丝绸之路和陆上丝绸之路建设为抓手，推动国际物流组织运作模式创新，推动国际物流枢纽建设，营造国际物流良好发展环境，构建贯通欧亚、连接全球的国际物流体系，提升国际物流发展水平和服务城市开放发展的能力。

长沙市口岸与物流办公室成立于 2019 年 1 月 22 日，为市政府工作部门，整合了市商务局的物流、口岸管理职责，市发展和改革委员会组织拟订现代物流业发展战略规划、协调物流业发展重大布局等职责，致力于打造长沙国家智能制造中心、国家创新创意中心、国家交通物流“三个中心”。2019 年 3 月 8 日，推出中国（长沙）国际贸易“单一窗口”地方特色应用产品之金融服务平台，真正实现“让数据多跑路，客户少跑路”。

3.1.3.2 成立“物流发展局”

2009 年 9 月 27 日，湖北省交通运输厅物流发展局在武汉成立。它是经湖北省机构编制委员会办公室文件批复同意设立的全国第一家交通物流发展机构，与湖北省交通运输厅道路运输管理局合署办公。其主要职责是：贯彻执行国家有关交通物流发展工作的法律、法规、政策和技术标准；为有关部门拟定湖北省交通物流业发展规划及有关政策提供信息及服务；推进传统运输业向现代物流业转型；推进重点交通物流基础设施建设和信息化建设。湖北交通运输厅物流发展局是全省物流产业的桥梁，为推动湖北省综合运输科学发展，实现湖北省在我国中部地区率先崛起作出重要贡献。

3.1.3.3 成立“物流业发展中心”

宜昌市物流业发展中心主要贯彻执行国家、湖北省有关物流业发展的方针政策和法律法规，研究拟订全市物流业发展战略、中长期发展规划和政策措施并组织实施；协调、指导全市物流产业发展工作，研究分析物流业发展的重大问题，提出促进全市物流业发展的政策建议；组织拟订全市物流园区（中心）

及重大物流项目规划。负责拟订物流园区（中心）建设和管理的相关政策、制度并监督实施。负责物流园区发展和物流项目建设的指导、协调和服务；负责对市级立项或上报国家、省立项的物流项目提出规划符合性意见；统筹全市物流网络体系建设。组织拟订促进城乡共同配送发展的政策措施并监督实施。协调推进航空、铁路、公路、港口等物流通道的开通工作；负责物流业市场培育。组织制定重点物流项目、物流企业认定办法并监督实施；统筹和协调全市物流市场服务与监督工作。负责物流业招商引资工作。负责指导物流业中介组织工作；负责全市物流业统计信息工作。会同有关部门推进物流业标准化、信息化建设，负责物流公共信息平台建设，建立物流人才库和物流企业数据库。

3.1.3.4　主要经验

（1）领导重视。省、市政府的主要领导高度重视物流发展，物流意识比较超前。

（2）机构健全。省、市均由政府牵头，成立了物流工作领导小组，并明确了物流管理专职机构。

（3）职责明确。省、市物流领导小组职责明确，各成员单位物流管理职能归口统一，专职物流管理机构职责全面。

（4）措施有力。省、市政府均出台了促进现代物流业发展的具体意见和办法，同时还在土地、资金和税收等方面制定了相关的配套政策。

3.1.4　物流管理法律法规

3.1.4.1　法律

我国颁布的与物流管理相关的法律主要有：《中华人民共和国公路法》《中华人民共和国铁路法》《中华人民共和国港口法》《中华人民共和国海商法》《中华人民共和国民用航空法》《中华人民共和国邮政法》《中华人民共和国电子商务法》《中华人民共和国海关法》等，涉及公路运输、铁路运输、水路运输、航空运输、邮政快递、商贸服务等多个领域。

3.1.4.2　法规

2004 年颁布、2019 年修订的《中华人民共和国道路运输条例》是物流领域较为重要的行政法规，它更具体地规定了货运经营者包括货运企业、驾驶员和车辆各方面的准入条件。同时，也对货运站（场）市场准入、管理和责任进行了相应的规定。

2018 年 3 月 2 日，国务院发布的《快递暂行条例》立足包容审慎监管和管理创新，对快递服务车辆、包装材料等相关强制性规定作了调整，增加了推动相关基础设施建设、鼓励共享末端服务设施等规定，完善了无法投递快件的处理程序，补充了快递业诚信体系建设的内容，以持续推动快递业健康发展，保障快递安全，保护用户合法权益，促进快递业治理体系和治理能力现代化。

3.1.4.3 规章

与物流相关的部门规章主要有：2005 年颁布、2019 年最新修正的《道路货物运输及站场管理规定》（交通运输部令 2019 年第 17 号）；2009 年颁布、2015 年修正的《快递业务经营许可管理办法》（交通运输部令 2015 年第 15 号）；2008 年颁布、2013 年修正的《快递市场管理办法》（交通运输部令 2013 年第 1 号）；2013 年颁布、2019 年最新修正的《道路危险货物运输管理规定》（交通运输部令 2019 年第 42 号）。

2018 年交通运输部发布的《快递业务经营许可管理办法》（交通运输部令 2018 年第 23 号）对快递业务经营许可管理进行了规范，规定快递业务经营许可管理遵循公开、公平、公正、便民、高效的原则。国家邮政局发布的《快递业信用管理暂行办法》（国邮发〔2017〕105 号）为加强快递业信用体系建设，促进快递业健康发展，对快递业信用信息的采集、评定、应用和监督管理等进行了规定。交通运输部发布的《邮件快件实名收寄管理办法》（交通运输部令 2018 年第 24 号）强化了寄递企业保障用户信息安全的义务，并明确了在执行实名收寄过程中泄露用户身份信息应承担的法律责任。同时，针对用户关心的信息安全问题作出进一步规范，防止用户信息泄露、毁损、丢失，更好地保障了用户的权益。

2019 年交通运输部发布的《智能快件箱寄递服务管理办法》（交通运输部令 2019 年第 16 号）对智能快件箱寄递服务进行了规范，促进了收费、验收、丢件等问题的解决，推动了快递市场健康发展。

3.1.4.4 规范意见

与物流管理相关的其他规范性文件主要有《物流园区分类与基本要求》

（GB/T 21334—2017）、《物流中心作业通用规范》（GB/T 22126—2008）、《物流中心分类与基本要求》（GB/T 24358—2019）；上海市 2008 年出台的全国第一个《城市配送物流车营运技术规范》和《道路货物运输冷藏车辆营运技术规范》；北京市 2011 年实施的《城市中心区货运汽车营运技术要求》等。

除上述规范性文件外，相关部门也会出台一些工作意见，这些意见一般都是用以向下级部门部署外来的工作重点而要求的。例如，国务院于 2011 年出台的被称为物流“国九条”的《关于促进物流业健康发展政策措施的意见》（国办发〔2011〕38 号），以及 7 部委于 2014 年联合印发的《关于加强和改进城市配送管理工作的意见》（交运发〔2013〕138 号）。

2018 年商务部等 10 部委发布的《关于推广标准托盘发展单元化物流的意见》（商流通函〔2017〕968 号）旨在更大范围、更长链条、更高层面发挥托盘的物流单元作用，提升单元化物流水平，促进物流提质增效。国务院办公厅发布的《关于推进电子商务与快递物流协同发展的意见》（国办发〔2018〕1 号）针对当前面临的实际问题，明确了国家邮政局与各部委、各地人民政府等在快递行业发展中应承担的责任，为两个行业下一步更好地协同发展提供了强有力的保障，指明了方向。

2019 年，国家邮政局和商务部发布的《关于规范快递与电子商务数据互联共享的指导意见》（国邮发〔2019〕54 号），建立完善了电子商务与快递数据互联共享规则，促进电子商务经营者、经营快递业务的企业数据管理和自身治理能力的全面升级。国家发展和改革委员会、中共中央网络安全和信息化委员会办公室、工业和信息化部等多部门发布的《关于推动物流高质量发展促进形成强大国内市场的意见》（发改经贸〔2019〕352 号）旨在巩固物流降本增效成果，增强物流企业活力，提升行业效率效益水平，畅通物流全链条运行。

2020 年，国务院办公厅转发由国家发展和改革委员会、交通运输部联合发布的《关于进一步降低物流成本的实施意见》（国办发〔2020〕10 号），从深化关键环节改革、降低物流制度成本，加强土地和资金保障、降低物流要素成本，深入落实减税降费措施、降低物流税费成本，加强信息开放共享、降低物流信息成本，推动物流设施高效衔接、降低物流联运成本，推动物流业提质增效、降低物流综合成本 6 个方面提出了进一步降低物流成本的实施意见。

《推动物流业制造业深度融合创新发展实施方案》（发改经贸〔2020〕1315 号）从紧扣关键环节，促进物流业制造业融合创新、突出重点领域，提高物流业制造业融合水平、加强统筹引导、优化融合发展的政策环境等方面提出了具体的实施方案。

我国物流行业相关政策文件、规章和标准规范见表 3-3。

我国物流行业相关政策文件、规章和标准规范 表 3-3

颁布时间	颁布单位	名称	主要内容
2020 年 8 月	国家发展和改革委员会等 14 部门	《推动物流业制造业深度融合创新发展实施方案》	从紧扣关键环节，促进物流业制造业融合创新、突出重点领域，提高物流业制造业融合水平、加强统筹引导、优化融合发展的政策环境等方面提出具体的实施方案
2020 年 5 月	国家发展和改革委员会、交通运输部	《关于进一步降低物流成本的实施意见》（国办发〔2020〕10 号）	从深化关键环节改革、降低物流制度成本，加强土地和资金保障、降低物流要素成本，深入落实减税降费措施、降低物流税费成本 6 个方面提出进一步降低物流成本的实施意见
2019 年 12 月	交通运输部	《道路危险货物运输管理规定》（交通运输部令 2019 年第 42 号）	规范道路危险货物运输市场秩序，保障人民生命财产安全，保护环境，维护道路危险货物运输各方当事人的合法权益
2019 年 7 月	交通运输部	《道路货物运输及站场管理规定》（交通运输部令 2019 年第 17 号）	规范道路货物运输和道路货物运输站（场）经营活动，维护道路货物运输市场秩序，保障道路货物运输安全，保护道路货物运输和道路货物运输站（场）有关各方当事人的合法权益
2019 年 6 月	国家质量监督监察检疫总局、国家标准化管理委员会	《物流中心分类与规划基本要求》（GB/T 24358—2019）	标准给出了物流中心的分类类型，规定了物流中心规划的基本要求，适用于政府主管部门对我国各类物流中心的界定，可为物流中心的立项与审批提供参考，也可作为企业规划物流中心的依据
2019 年 6 月	交通运输部	《智能快件箱寄递服务管理办法》（交通运输部令 2019 年第 16 号）	对智能快件箱寄递服务进行了规范，促进了收费、验收、丢件等问题的解决，推动快递市场健康发展
2019 年 6 月	国家邮政局	《关于规范快递与电子商务数据互联共享的指导意见》（国邮发〔2019〕54 号）	保障电子商务与快递数据正常传输，保障电子商务与快递数据正常传输，加强电子商务与快递数据互联共享管理，加强电子商务与快递数据互联共享管理，提高电子商务与快递数据安全防护水平

续上表

颁布时间	颁布单位	名　称	主要内容
2019年2月	国家发展和改革委员会等24部门	《关于推动物流高质量发展 促进形成强大国内市场的意见》（发改经贸〔2019〕352号）	巩固物流降本增效成果，增强物流企业活力，提升行业效率效益水平，畅通物流全链条运行
2018年12月	中国民用航空局	《新时代民航强国建设行动纲要》	建设新时代民航强国的主要任务：拓展国际化、大众化的航空市场空间。重点是着力拓展国际航空市场着力推进航空服务大众化，着力开拓航空物流市场，着力拓展现代综合交通运输服务空间，全面提升航空服务质量
2018年12月	国家发展和改革委员会、交通运输部	《国家物流枢纽布局和建设规划》（发改经贸〔2018〕1886号）	布局建设辐射带动能力较强、现代化运作水平较高、互联衔接紧密的国家物流枢纽，促进区域内和跨区域物流活动组织化、规模化运行，培育形成一批资源整合能力强、运营模式先进的枢纽运营企业，形成国家物流枢纽网络基本框架
2018年11月	交通运输部	《快递业务经营许可管理办法》（交通运输部令2018年第23号）	从执行的角度，对上位法关于申请快递业务经营许可应当具备的服务能力、服务质量管理制度和业务操作规范、安全保障制度和措施等进行了细化。对许可的申请与受理、审查与决定、变更与延续、注销与作废等程序作了细致规定
2018年11月	商务部、国家发展和改革委员会、财政部、海关总署税务总局、市场监管总局	《关于完善跨境电子商务零售进口监管有关工作的通知》（商财发〔2018〕486号）	跨境电商平台运营主体在境内办理工商登记，并按相关规定在海关办理注册登记，接受相关部门监管，配合开展后续管理和执法工作
2018年10月	交通运输部	《邮件快件实名收寄管理办法》（交通运输部令2018年第24号）	强化寄递企业保障用户信息安全的义务，明确在执行实名收寄过程中泄露用户身份信息应承担的法律责任，防止用户信息泄露、毁损、丢失，更好地保障了用户的权益
2018年5月	中国民用航空局	《关于促进航空物流业发展的指导意见》（民航发〔2018〕48号）	以创新体制机制为动力，着力提高行业服务质量和竞争力，促进航空物流信息化、专业化、网络化、社会化发展，构建高效、绿色、安全、可靠的航空物流服务体系
2018年4月	商务部等8部门	《关于开展供应链创新与应用试点的通知》（商建函〔2018〕142号）	应用现代信息技术，创新供应链技术和模式，构建和优化产业协同平台，带动上下游企业形成完整高效、节能环保的产业供应链，推动企业降本增效、绿色发展和产业转型升级

续上表

颁布时间	颁布单位	名　　称	主要内容
2018 年 1 月	国务院办公厅	《关于推进电子商务与快递物流协同发展的意见》(国办发〔2018〕1 号)	强化制度创新，优化协同发展政策法规环境；强化规划引领，完善电子商务快递物流基础设施；强化规范运营，优化电子商务配送通行管理；强化服务创新，提升快递末端服务能力；强化标准化智能化，提高协同运行效率；强化绿色理念，发展绿色生态链
2018 年 1 月	商务部等 10 部门	《关于推广标准托盘发展单元化物流的意见》（商流通函〔2017〕968 号）	明确了加快实现标准托盘占全国托盘保有量比例由目前的 27% 提高到 32% 以上、使用领域占比由目前的 65% 提高到 70% 以上两个目标，大幅降低企业装卸成本和货损率，提高装卸效率及车辆周转率
2017 年 12 月	国家邮政局	《快递业信用管理暂行办法》(国邮发〔2017〕105 号)	加强快递业信用体系建设，促进快递业健康发展，对快递业信用信息的采集、评定、应用和监督管理等进行了规定
2017 年 9 月	国家质量监督监察检疫总局、国家标准化管理委员会	《物流园区分类与规划基本要求》（GB/T 21334—2017）	规定了物流园区的分类和规划要求，适用于对物流园区的界定以及物流园区的规划建设
2017 年 9 月	交通运输部等 14 部门	《促进道路货运行业健康稳定发展行动计划（2017—2020 年）》（交运发〔2017〕141 号）	市场组织化程度明显提高，龙头骨干企业加快成长；市场主体结构明显优化；低水平落后运能有序淘汰更新，车型标准化水平显著提升先进运输组织模式广泛推广，道路货运比较优势得到有效发挥；“互联网 + 货运”新业态不断涌现，资源集约利用效率稳步提高
2017 年 8 月	国务院	《关于进一步推进物流降本增效促进实体经济发展的意见》(国办发〔2017〕73 号)	深化供给侧结构性改革、发展现代供应链和加强物流基础设施网络建设的指示精神，加快推动现代供应链体系建设，促进经济发展提质增效降本，实现高质量发展
2017 年 8 月	交通运输部	《关于加快发展冷链物流保障食品安全促进消费升级的实施意见》(国办发〔2017〕29 号)	充分发挥交通运输在冷链物流发展中的基础性作用着力提升设施设备技术水平、健全全程温控体系、优化运输组织模式、强化企业运营监管，力争到 2020 年，初步形成全程温控、标准规范、运行高效、安全绿色的冷链物流服务体系，“断链”问题基本解决，全面提升冷链物流服务品质，有效保障食品流通安全
2017 年 4 月	国家发展和改革委员会、交通运输部、中国铁路总公司	《“十三五”铁路集装箱多式联运发展规划》（发改基础〔2017〕738 号）	构建一体化、网络化、标准化、信息化的铁路集装箱多式联运系统，更好发挥铁路比较优势，提高综合交通运输组合效率，降低全社会物流成本

续上表

颁布时间	颁布单位	名　　称	主要内容
2017 年 4 月	国家质量监督监察检疫总局等 11 部门	《关于推动物流服务质量提升工作的指导意见》（国质检质联〔2017〕111 号）	着力构建与现代物流业发展相适应的服务质量促进体系，改善物流服务供给结构，培育物流企业核心竞争力，改善物流行业整体形象促进物流业转型升级和健康有序发展
2017 年 2 月	中国民用航空局	《民航节能减排“十三五”规划》	主要阐明 2016—2020 年民航业绿色发展的指导思想、基本原则、目标要求和重要任务，是“十三五”时期推进行业节能减排与应对气候变化工作的纲领性文件
2017 年 2 月	商务部等 5 部门	《商贸物流发展“十三五”规划》	聚焦重点领域和关键环节，完善商贸物流服务体系，提升商贸物流发展水平，降低物流成本，提高流通效率，为经济社会发展提供物流服务保障
2017 年 1 月	交通运输部等 18 部门	《关于进一步鼓励开展多式联运工作的通知》(交运发〔2016〕232 号)	依法加强监管，营造良好市场环境；夯实发展基础，提升支撑保障能力；深化行业改革，创新运输服务模式；推动信息共享，加快装备技术进步；深化对外合作拓展国际联运市场
2016 年 11 月	商务部等 10 部门	《国内贸易流通“十三五”发展规划》(商建发〔2016〕430 号)	提出了 7 个方面的保障措施，主要包括健全管理体制机制、加大财政金融支持、调整优化税费政策、优化土地要素支撑、推进人才队伍建设、完善统计监测体系、落实规划推进机制等内容
2016 年 8 月	交通运输部	《关于推进供给侧结构性改革促进物流业“降本增效”的若干意见》（交规划发〔2016〕147 号）	以促进物流业“降本增效”为导向，以提升运输链综合效率为着力点，以结构性调整、制度性改革、技术性创新为路径切实推进物流业集约化、智能化、标准化发展，实现交通运输与物流深度融合，为经济转型升级和高效运行注入新活力
2016 年 7 月	国家发展和改革委员会	《“互联网 +”高效物流实施意见》（发改经贸〔2016〕1647 号）	推动大数据、云计算、物联网等先进信息技术与物流活动深度融合，推进“互联网 +”高效物流与大众创业万众创新紧密结合，提升物流业信息化、标准化、组织化、智能化水平实现物流业转型升级；形成以互联网为依托，开放共享、合作共赢、高效便捷、绿色安全的智慧物流生态体系，物流效率效益大幅提高

续上表

颁布时间	颁布单位	名　　称	主要内容
2016 年 5 月	国家发展和改革委员会	《关于做好现代物流创新发展城市试点工作的通知》（发改经贸〔2016〕1104 号）	确定天津、沈阳、哈尔滨、上海、南京、青岛、厦门、武汉、广州、深圳、重庆、成都、西安、乌鲁木齐、郑州、保定、临沂、赣州、岳阳、义乌 20 个城市为现代物流创新发展试点城市
2013 年 3 月	交通运输部	《快递市场管理办法》（交通运输部令 2013 年第 1 号）	加强快递市场管理，维护国家安全和公共安全，保护用户合法权益，促进快递服务健康发展。对于限制野蛮分拣、保证信息安全等方面的规定更加详尽
2013 年 2 月	交通运输部、公安部、国家发展和改革委员会	《关于加强和改进城市配送管理工作的意见》（交运发〔2013〕138 号）	完善管理体制机制，发挥规划引领作用，提升基础设施保障能力，强化运输市场管理，优化通行管控措施，加大执法监督力度，加快科技推广应用，加快组织落实
2011 年 8 月	国务院	《关于促进物流业健康发展政策措施的意见》（国办发〔2011〕38 号）	切实减轻物流企业税收负担，加大对物流业的土地政策支持力度，促进物流车辆便利通行，加快物流管理体制改革，鼓励整合物流设施资源，推进物流技术创新和应用，加大对物流业的投入，优先发展农产品物流业，加强组织协调
2008 年 7 月	国家质量监督监察检疫总局、国家标准化管理委员会	《物流中心作业通用规范》（GB/T 22126—2008）	从物流中心的功能要素出发，对各作业环节的一般性管理程序、关键点控制、例外事项的处理提出规范和要求，旨在指导物流中心作业规范体系的建立，保障物流中心高效和有效运行，使物流中心的作业行为满足有关法律、法规的要求，物流中心远景目标和服务方针的要求，以及各相关方的要求

3.2　中国物流管理体制问题

当前，我国逐步形成了以各部门职能管理为主、部门间统筹协调为辅的物流行业管理体制，建立了物流管理联席工作小组机制，但仍存在物流管理综合化程度较低、主管部门管理职责不清晰、物流管理职能界定不科学、物流管理运行机制不健全等问题。

3.2.1 物流管理综合化程度较低

由于物流业是复合型服务业，不同部门间职责存在一定交叉，导致政出多门，缺乏统筹协调。目前，中央层面，物流业管理涉及发展改革、商务、交通、铁路、民航、工信、公安、财政、海关、工商、税务、质检、标准等部门。这些部门和系统都承担了一部分物流管理职能，并且都具有同等行政级别，长期形成了条块运行机制，对于跨部门、跨系统的物流产业都缺乏有效的衔接和协调义务，也缺乏内部运行机制中的明确规定，各部门和系统之间缺乏直接的横向联系，没有一个部门或机构能够统一指挥和统筹协调全国的物流发展，对资源整合与一体化运作形成体制性障碍。2005 年全国现代物流工作部际联席会议制度后，物流管理体制向综合化方向前进了一步，但改革不全面、不彻底，物流分散管理的状况没有得到根本改变。总体上看，由于各个组成部门都拥有各自的行政资源，部际联席会议制度的职责功能仍然受到局限，难以达到期望的目标。如每年的例会照常举行，相关单位照常参加，但统筹规划和计划安排很难在各个部门具体行动中得到落实，也无法实施监督。依靠这种松散的综合协调机制，不足以形成国家支持物流业发展的整体合力，也无法为物流业全面、协调和可持续发展创造出良好的体制和政策环境。

3.2.2 物流管理部门职责不清晰

物流主管部门管理职责不清、条块交叉、权责不一致。主管部门管理职责不清晰主要体现在：发展改革部门与交通运输部门在交通基础设施建设项目审批、相关收费价格管理方面；交通运输部门与公安交通管理部门在道路交通安全和车辆管理方面；交通运输部门与城市建设部门在城市道路管理方面；各部门与财政部门在专项资金拨付、使用、监管方面；商务部门与交通运输部门在国际货运代理方面等存在职责交叉。部门之间职责不清晰导致一系列现实问题出现：

（1）增加了规划制定、项目建设、运营管理的协调难度。这严重制约着在全社会范围内对物流进行统筹和规划的经济合理性，阻碍着物流的社会化进程。由于物流要素的部门化、区域化特征十分明显，因而难以协调部门之间和地方之间物流基础设施和物流园区的投资建设问题。由此不仅不能避免地方之间物流设施投资和规划的重复建设问题，而且无法实现物流设施资源的统一配置和协调管理。

（2）基础设施体系建设相对分散和落后制约物流业发展。各种综合性货运枢纽、物流基地、物流中心建设发展缓慢，物流设施总量远不能满足产业发展的需要，产业要素（产业基地硬件设施、物流配送工具、装卸搬运设施、物流作业流程、物流业务票据、物流信息化平台等）不可兼容。

（3）突出条块分割的物流体系减缓了物流业的专业化和社会化进程。物流市场无序发展且粗放经营使对内和对外物流分离，工业、商业、交通等各自为政，瓜分物流市场，造成盲目竞争，使物流应具有的整体功能大大削弱，影响了社会物流成本的降低。同时，还会出现部门视角的重复建设、相互扯皮推诿等问题。

3.2.3 物流管理运行机制不健全

物流领域的行政协调机制运行不畅，协调规则和责任主体缺失。例如，物流枢纽的规划和建设需要地方政府和交通运输部、国家发展和改革委员会、自然资源部等多头沟通，协调难度大，分别由部门和地方负责的公路、水路、民航和城市交通等规划，彼此缺乏有效衔接。农村物流涉及交通运输、供销、邮政、商务、农业等行业部门，这些部门都从不同角度推进集散站场和网络体系及信息化建设，总体上看各行业资源配置分散，难以实现一体化组织。综合运输体系建设之所以长期举步维艰，也是政府协调机制运行不畅、协调规则和责任主体缺失导致的。综合交通运输体系规划职能虽由国家发展和改革委员会承担，但综合力度不够，各交通运输方式的发展战略、规划、法规、政策、标准分别由各部门制定，难以统筹。铁路、民航、公路和水运实际上仍由交通运输部、国家铁路局、中国民用航空局等分别管理，铁路建设基金、民航发展基金、车辆购置税、燃油税、港口建设费等专项税费仍由各部门分别掌握，交通运输发展所需资源、资金无法综合考虑。尽管实行“大部制”改革后，中国民用航空局、国家铁路总局、国家邮政局被先后纳入交通运输部进行统筹管理，但部管国家局的一整套运行机制尚未建立，长期以来按照不同运输方式“条条”分割的管理体制并未立即改变，从中央到地方都设有单独体系的管理部门。在这种情况下，铁路、公路、航空等都拥有自己的物流系统，使多式联运发展缓慢，运力资源难以整合运用。

部门间职能交叉多，协调机制不健全，地方工作协调难度很大。物流主管部门不同，政府授权的程度不同，物流发展推进的力度也不尽相同。物流规划、建设和管理难以做到统一和协调，导致重要资源缺乏综合利用，发展代价大。部分重要运输通道平行建设了多条高等级公路、高速铁路和普通铁路，存在能力过剩问题；多数跨江跨海大桥都是单一的公路或铁路桥，仅少数为公铁两用。实践证明，我国现阶段区域物流发展好坏与政府主导密切相关，物流发展较好的省份都在运行机制上有所创新。这取决于各地物流产业在当地的重要程度，包括区位、交通、绩效等具体情况，以及决策者们对物流业的认知程度和作为程度。

受上述体制因素影响，加之物流业自身发展阶段的局限，我国全社会物流费用较高，经济社会发展代价较大。具体表现如下：

（1）基础设施短缺与过度并存，结构性问题突出。在现行管理体制下，各主管部门较少从国家层面统筹考虑综合交通运输发展，有限的社会资源难以得到优化配置，基础设施发展不均衡、运输结构不合理等问题进一步凸显，各运输方式比较优势未能充分发挥。不同运输方式发展不平衡，引发了一些不合理现象。部分煤运通道铁路运力不足，公路分担了大量煤炭中长途运输，增加了运输成本，消耗了大量优质能源；部分沿江通道由于高等级航道占比低、碍航闸坝和桥梁过多，导致航道资源得不到充分利用，公路承担了大量煤炭、矿石、化肥、粮食等大宗物资中长距离运输。

（2）资源缺乏综合利用，发展代价大。由于部门分割，协调机制不健全，交通运输规划、建设和管理难以做到统一和协调，导致重要交通运输资源缺乏综合利用。土地、通道线位、技术等级和建设时序等无法统筹安排，造成资源浪费。部分重要运输通道平行建设了多条高等级公路、高速铁路和普通铁路，存在能力过剩问题；多数跨江跨海大桥都是单一的公路或铁路桥，仅少数为公铁两用。随着铁路进一步发展，桥位资源将更加紧缺；铁路、公路、城市交通枢纽站场各自规划、分别建设，既浪费了资源，又难以做到紧密衔接。

（3）多式联运发展严重滞后，客货运输衔接不畅。各种运输方式市场化程度不一，运输市场分割，管理方式分散，运输政策、规划、标准等缺乏统一，运输方式之间协调困难，导致多式联运、货运无缝衔接和客运零距离换乘等严重滞后。港口集疏运问题突出，部分大型港口没有铁路衔接，集装箱干线港与高速公路网之间缺乏快速集疏运通道，疏港交通与城市交通相互混杂，大大影响了运输效率。在都市圈地区、城市内部和城市间，普遍存在不同方式之间多次换乘、多次购票等现象，增加了出行的时间、费用，加剧了拥堵，降低了公共交通的吸引力。

（4）城市配送“三难两多”（通行难、停靠难、装卸难，收费多、罚款多）问题突出，“最后一公里”物流成本偏高。有统计数据显示，末端配送成本已经占到物流行业总成本的30%以上。大量的社会资源消耗在“最后一公里”上，加重了城市的交通和环境压力。

（5）信息化建设自成体系，不利于综合决策能力和服务水平提高。物流信息孤岛现象十分普遍，信息资源在部门间、区域间缺乏共享机制，既不能很好地为综合交通运输发展提供决策支持，也不能为货主提供完整、及时的信息服务。在应急状态下，各种交通运输难以实现相互支持，不利于物资的集疏运。

3.2.4 物流管理职能界定不科学

（1）管理职能设置不合理，越位和缺位并存。政府部门过于重视物流基础设施项目审批，存在以政府投入代替市场投入的风险，市场配置资源作用没有充分发挥，导致资源利用效率低。对物流市场准入事项设置过多，并主要依靠发证发照管理准入，事中事后监管乏力。对于一些亟待解决的问题，如城市配送、冷链发展等，部门各自为政，难以形成政策合力。对物流安全、环保、垄断等外部性问题的监管缺位，缺乏行之有效的全程监管机制，造成较大的社会安全隐患和稳定隐患。

（2）管理手段和管理方式不适应市场需求。政府微观管理干预多，宏观

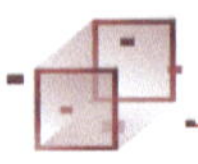

管理少；行政手段多，经济手段少；重前置性审批，轻过程监管。政府管理技术手段落后，通过信息手段，依靠大数据的管理方式还没有得到推广，政策措施出台后往往受到阻碍，好的政策难以得到有效落实。

（3）政府与物流市场主体组织管理界限亟待明确。作为政府，对全国物流业发展的总体思路还不够明晰，对物流业在国民经济中的地位、发展模式、发展重点、产业体系、科学体系等重大问题研究还需要深入。由于缺乏科学规划，致使全国物流业的发展处于自发状态。近几年，虽有一些规划性文件出台，但多数文件的长远性指导能力不强，有些思路不能落地。由于受所有制形式、行业的限制，市场竞争机会不同，导致物流市场主体组织的发展不平衡。

（4）统一开放、公平竞争、规范有序的物流市场体系尚未形成。市场分割、垄断行为、诚信缺失等问题突出。地区间行政分割，缺乏统筹规划，尚不能形成发展合力，物流、快递、配送车辆等要素难以自由流动。

3.2.5 中央与地方事权划分不合理

中央与地方事权划分不清晰、权责不匹配。中央在物流基础设施建设项目的规划、立项审批、资金分配使用、投资规模控制等方面自由裁量权过大，而对地方缺乏行之有效的引导和约束，且在法规、政策和标准制定等方面未能很好地承担应有的职责。

（1）公路管理事权财力不对应，权责不匹配。目前我国的公路管理，总体而言是采用条块结合的方式。在基础设施方面，由中央负责国道规划、部分项目建设资金补助以及法规、政策、标准拟订，地方则具体负责国道的建设、运营管理以及除国道外所有公路基础设施的规划、投资、建设、管理等。在道路运输方面，中央仅负责相关法规、政策、标准拟订和行业指导工作，市场监管等职责的具体执行则均由地方负责。这方面存在的主要问题是国道、高速公路管理事权不清晰，中央和地方的事权财力不对应、权责不匹配，导致建设规模过大，经常出现相关规划不得不被动修改等不正常现象。

（2）水路管理中央地方权责界限不清。我国的水上管理也始终采用条块结合方式，其中基础设施、内河运输及安全分别由中央与地方分管；海上运输及安全则由中央统管。目前水上运输存在的主要问题是，一方面港口过渡下放，从而导致港口重复建设现象严重，岸线资源无序使用；另一方面，中央与地方海事管理职责和管辖范围界定不清晰，使得实践中两者容易产生冲突，而且中央派出机构与地方管理机构关系也较难理顺。

（3）铁路民航管理中央过于集权。就铁路和航空管理而言，我国目前主要采用中央垂直管理的方式，地方政府在这两种运输方式方面的权责比较有限，地方铁路管理机构主要负责部省合作项目的资本金投入和前期征地拆迁等工作；地方民航管理机构则主要负责地方民航机场的规划、建设、管理等工作。这两种运输方式管理体系中存在的主要问题是，中央过于集权，从而难以很好地调动和发挥地方的主动性和积极作用，影响了发展速度。未来应适当调整现行的垂直管理体制，特别是在市场监管方面可以逐步赋予地方更多权责，从而更好地实现政府职能。

当前，中央、省、地市、县在交通运输管理中的事权缺乏清晰的边界，层级之间职能定位模糊，上下机构一般粗、职责简单复制、政策层层传达。如对国省干线公路管理，至少涉及中央、省、地市、县 4 个层级，其中中央在国道的管理中承担责任大小、投入资金多少，迄今没有明确规定。高速公路在建设之初，由于缺乏管理经验，因而国务院授权各地根据实际情况探索不同管理体制，但目前中央和地方在高速公路管理方面却仍没有明确的职责分工，体制机制也始终没有理顺，因而导致在高速公路建设、运营管理、收费权转让等方面不断出现一些棘手问题。

3.2.6 物流法律法规政出多门

利用法制管理，是推动物流业健康发展的重要方向。目前，我国涉及各部门的专业法律虽然很多，但尚未有推动和保证物流业发展的综合性统一法律。不少部门从自身出发，发布各种类型的涉及物流业发展的政策，致使我国的物流法规政策不利于被执行。我国执行的有关物流方面的法律法规从内容和行业管理上分散于海陆空运输、消费者保护、企业管理、合同管理以及各部委分别制定的有关规程和管理办法，它们是在不同时期、由不同部门针对不同问题制定的，因而形成多头而分散的局面，呈现出杂乱无章的状态，缺乏物流行业系统专门的法律规定。

我国直接具有操作性的物流法律法规多由中央各部委、地方制定颁布，规范性不强，缺乏法律责任的制约作用，大多是一些条例、办法、规定和通知等，在具体运用中缺乏操作性，难以产生法律效力，不利于调整各物流主体之间的相互关系，缺乏对物流主体行为的制约作用。对物流业的利益，有的地方出现部门均沾的情况，对物流业发展的问题，有的地方出现推诿扯皮的现象。

我国目前执行的一些物流法律法规由过去计划经济体制环境下延续而来。现在由于时空差异已出现适用范围有误、规制内容过时以及法律交叉、法律空白等问题，难以适应目前市场经济环境下物流业的发展，急需补充、修订和废止。

第 4 章 中国物流管理体制改革的形势与要求

当前，国内外形势正在发生深刻变化，新时代的新机遇和新挑战并存，我国物流业须进一步深化改革、扩大开放，全面提升国际物流竞争力。未来 20 年，是我国物流业发展的重大战略机遇期，也是优化升级、竞争力提升和大规模“走出去”的重要时期。物流业发展面临的新形势对物流管理体制改革也提出了新要求。

4.1 物流业发展对管理体制的新要求

4.1.1 物流业发展的新形势

（1）经济转型升级和贸易扩张。随着我国工业化进程的深入推进，大宗能源、原材料和工业品的大规模运输和物流需求仍然旺盛。同时，集约型的经济发展方式对高质量、高效率的物流服务提出更多的要求，分散的物流资源需要进行整合和集约利用。产业结构的转型升级将推动“短、小、轻、薄”商品以及小批量、多频次、灵活多变的物流需求快速增加。人们生活方式的转变要求物流发展更加注重服务质量、效率、特色、个性和体验，基于更高时间和空间价值的物流需求会逐步扩大，尤其是由电子商务催生的快递物流将呈现“井喷式”增长。此外，我国全球贸易的规模扩张，也使得国际物流的规模持续上升。

（2）新型城镇化和区域一体化。我国正处于城镇化快速推进的阶段[1]。我

[1] 2018 年，我国城镇常住人口为 84843 万人，占总人口比重为 60.60%，比 2017 年末提高 1.02 个百分点。根据《中国城市竞争力报告》，未来预计城镇化率会提高至 70% 左右。

国城市规模的扩张、都市圈及城市经济带的发展以及城乡一体化程度的加深，城市内部、城际之间、跨区域以及农村的人流和物流需求都将迅速增长，对我国物流在城市配送、城际物流、农产品进城与工业品下乡等许多方面也提出了更高要求，迫切需要按照新型城镇化的总体思路，建设功能强大、高效集约的城市物流和配送体系。同时，区域一体化发展战略的推进要求加快物流的一体化进程，构建区域协调发展的物流服务体系，将物流服务主要植根于一、二线城市拓展至三、四线城市，甚至县、乡、村等区域。

（3）全球化纵深和开放新格局。全球贸易和国际物流互为依托和支撑，国际物流是国际贸易的有力保障。我国对外贸易近年来实现了历史性跨越，数据显示，我国先后与24个国家和地区签订了自由贸易协定，贸易伙伴遍布全球230多个国家和地区。2020年，我国货物进出口总额达到32.16万亿元，同比增长1.9%，规模再创历史新高。全球贸易的纵深发展要求我国与世界各国有更好的交通运输、物流、通信、信息等基础设施连接，跨境电子商务物流会有更快发展。2020年，我国跨境电商进出口总额达到1.69万亿元，同比增长31.1%，其中，出口为1.12万亿元，同比增长40.1%；进口0.57万亿元，同比增长16.5%。2020年，中欧班列全年开行12406列，同比增长50%，首次突破“万列”大关，共运送货物113.5万TEU，通达21个国家的92个城市。未来，我国推动建设开放型世界经济的路线对国际物流业发展提出了新要求，推动现代物流的智能化、集约化、协同化、全球化的发展，打造一站式国际物流生态圈和一体化物流运输链条，实现国际贸易货畅其流、效率更高是参与新一轮物流全球化的关键。

（4）信息网络和技术创新融合。随着人工智能时代的临近，物联网、云计算、大数据、区块链在物流领域的应用逐步加强，应用效果十分显著，尤其是智能仓库、无人分拣、机器人、无人驾驶、无人机配送等已经进入实质探索阶段，自动化、智能化发展成为行业重要特征。未来物流技术创新将反映安全、快速、便利、大型化、自动化、信息化、数字化、网络化、智能化、个性化、多样化、人性化、精细化、绿色化和节能化等时代特点，积极推动物流装备制造业和物流供应链创新，加强物流智能化改造，大力发展数字物流，开发物流服务新模式等成为未来物流发展的新要求和新方向。

（5）可持续发展和要素成本上升。资源和环境约束的日益趋紧要求物流业尽可能减少对环境的不利影响，提高物流资源的利用效率，并发挥对环境的净化和保护作用，建设绿色物流和逆向物流体系。同时，由于物流企业运营所需的能源、劳动力、土地价格持续上涨，物流企业成本压力进一步加大，提高物流效率、降低物流成本依然是我国物流业未来发展的现实需要。

（6）保障民生和发展应急物流。我国自然环境和气候复杂多样，自然生态灾害严重。在加快推进工业化、城镇化和经济社会转型时期，各类突发性事故发生概率将会增加，加之全社会安全意识不断提高，应急物流体系建设十分迫切。尤其是 2020 年新冠肺炎疫情的爆发更凸显了应急物流体系建设的迫切性和必要性。“三农问题”、医药卫生、社会救助、生活用品服务、邮政普遍服务、可追溯食品供应链管理等要求加快发展服务于民、方便于民、受益于民的民生物流。

4.1.2 对物流管理体制的新要求

当前，我国物流基础设施建设已经具备良好的基础，面对物流发展的新形势和新任务，需要在物流管理水平、物流市场机制、物流政策制定等方面继续优化完善。物流技术创新和扩散主要由企业主导，但政府可以通过物流管理和物流政策引导和促进物流业发展。新的历史时期，各物流管理部门在贯彻执行国家有关现代物流发展方针和政策的同时，还应加强系统内外的沟通和协调，统筹现代物流发展规划的制定及实施，推动现代物流设施和信息化建设，扶持和培育市场主体，规范物流设施标准，建立公平有序的市场环境等。

（1）建立统筹协调的物流综合管理体制。目前，我国物流管理从规划到建设主要以纵向、分块管理为主，缺乏横向协调、衔接。通过机构和职能的合理调整、权责的合理配置，探索建立起统筹协调的物流综合管理体制，有利于科学制定全国物流发展总体战略和整体发展规划，推动国家物流系统、全球物流体系和物流现代化的建设，有利于统筹全国物流资源的空间布局，推进省际和跨国合作，防止盲目和重复建设，避免政策碎片化和政策冲突，提高全社会物流资源配置效率。

（2）形成运行高效的物流市场机制。现代物流业发展需要充分发挥市场机制的基础性作用，推动物流市场化改革，健全市场规则，完善价格机制。建立公平透明的物流市场准入标准，放宽对物流企业资质的行政许可和审批条件，改进审批管理方式，建立基于负面清单基础上的市场准入机制。消除地区和部门壁垒，形成“统一开放、规范有序、公平竞争”的物流市场。加强对物流市场及物流活动的安全、服务质量以及资源、环境方面的监管，完善物流信用规制体系。

（3）健全物流产业组织结构优化政策。现代物流成功运作的关键是培育一批网络化、规模化的物流企业，通过应用现代信息技术和运输设备等降低成本，提高物流效率。优化物流产业组织结构应加大对传统物流企业兼并重组的政策支持力度，鼓励物流企业通过参股、控股、兼并、联合、合资、合作等多种形式进行资产重组，培育一批服务水平高、国际竞争力强的大型现代物流企业。鼓励重点运输企业对分散经营的中小道路运输企业进行整合，特别是对拥有一定设备和人员、有能力从事专业运输物流服务的中小企业进行整合。另外，可以选择、扶持具备条件的运输企业向现代物流企业拓展转型，形成示范效应。

（4）提升国际物流的管理和治理能力。支持有国际竞争力的物流企业开拓和利用国际市场，兼并重组全球物流市场的物流资源，延伸服务网络。积极参与全球物流治理，深入参与国际铁路、航空、海运、公路等相关规则、标准的制定和修订，推动与国际通用运输法律法规和技术标准的对接，促进电子海关和授权经济运营商认证体系的发展。与各国共同推进全球物流政策协调机制，促进国际通关、换装、多式联运有机衔接，形成兼容规范的全球物流政策体系。

（5）完善物流创新和标准规范政策。物流领域的新技术、新模式、新服务等日新月异、层出不穷，给传统物流监管机制和规则带来了一定的冲击。新技术的发展要求物流管理部门以更“包容、开放、创新、审慎”的态度，完善物流创新政策和监管机制，充分发挥市场机制的作用，推动物流技术和模式的创新。同时，要求加强对物流标准的修订和新技术标准的修订，完善多式联运、冷链等新业态、新模式的标准建设，注重与国际标准及相关产业标准的衔接，加大物流标准的实施力度。

4.2 物流管理体制改革的机遇与挑战

4.2.1 物流管理体制改革机遇

当前，我国物流管理体制改革正面临着难得的战略机遇期。

（1）国家行政体制改革深入推进。党的十九大明确提出要“深化机构和行政体制改革”，统筹考虑各类机构设置，科学配置党政部门及内设机构权力、明确职责，形成科学合理的管理体制，转变政府职能，深化简政放权，创新监管方式，建设人民满意的服务型政府。为贯彻落实党的十九大关于深化机构改革的决策部署，2018 年 2 月，中共中央发布了《关于深化党和国家机构改革的决定》，指出要优化政府机构设置和职能配置，合理配置宏观管理部门职能，深入推进简政放权，完善市场监管和执法体制，改革自然资源和生态环境管理体制，完善公共服务管理体制，强化事中事后监管，提高行政效率。新时期，物流业的快速发展和变革对物流管理提出了新的要求，贯彻落实党的十九大、十九届五中全会精神，给物流管理体制改革指明了方向，也带来了新的机遇。

（2）物流降本增效持续发力。2020 年 5 月，国家发展和改革委员会、交通运输部联合发布《关于进一步降低物流成本的实施意见》（国办发〔2020〕10 号），并经国务院转发。在进一步降低物流成本的六大举措中，首要举措便是深化关键环节改革，降低物流制度成本，并将具体任务分解至交通运输部、公安部、工业和信息化部等各相关部门，这也表明物流制度性成本已经受到各物流管理部门的重视，物流管理体制改革正逐步探索推进。

4.2.2 物流管理体制改革挑战

新时期，我国物流管理体制改革也面临着一些新挑战。

（1）要适应基础性、战略性凸显的产业地位。物流是一个为其他所有经济领域服务的横向经济领域，它涵盖了现有的多个行业，包括铁路运输行业、公路运输行业、航空运输行业、水路运输行业、管道运输行业、包装行业、装卸行业、邮政行业和电信行业等。因此，伴随我国市场经济体制建设的推进，作为跨地区、跨行业、跨部门的综合性、基础性产业，物流业必将涉及和影响国民经济的各个领域。在未来产业转型升级过程中，物流业将扮演更重要的角色，物流管理体制改革成效至关重要。

（2）要适应产业融合、边界模糊的发展趋势。物流业服务和引领其他产业发展，尤其是其服务或运作模式创新推动物流向流通领域、生产领域延伸，在实现供应链一体化管理，推动物流业与工业、流通业，乃至金融业的有效融合、创新的同时，使物流业走向了产业发展的前台。在“互联网+”支撑下，物流业将出现服务模式创新、跨界经营等现象；产业的界限会进一步打破，将出现物流业与制造、商贸、金融等相关产业的大融合，这对物流管理体制改革提出了新的要求。

（3）要适应服务高质量、多元化的发展方式。随着物流基础设施的改善，各种物流服务方式各自独立发展的状态将宣告结束。按照物流服务的发展规律，物流市场将进入细分阶段，各种物流服务模式将不断涌现，彻底改变大多数物流企业在服务模式雷同和低端进行价格竞争的局面，从而促进物流市场由低水平竞争向高水平竞争转变。

（4）要适应规划、建设、安全监管等多重问题。物流企业开展网络化经营、一体化运作和信息化经营管理，必须打破行业界限和行政区划的束缚，因此，物流业发展面临的规划、建设、安全监管等问题集中地体现在物流管理体制上。需要加快政府职能转变和管理创新，及时研究新情况、解决新问题，为物流业进一步健康发展创造良好的政策和体制环境。

第5章　中国物流管理体制改革总体思路

我国现行物流管理体制基本适应我国现行行政体制环境，并符合现阶段我国物流业发展实际要求。从我国改革开放以来物流业发展取得的巨大成就来看，我国物流业发展滞后于经济发展的状况已得到根本性扭转，物流网络尤其是综合运输网络也有了初步发展。但是，现有管理体制设计的科学统筹性尚显不足，它虽基本适应现阶段物流业发展的特殊要求，但也明显带有过渡性的阶段特点，组织机构和职能都处于不断变化调整中，从而削弱了组织机构的延续和稳定性及可预期性。从外部看，目前与物流业发展密切相关的职能部门较多，尚没有实现物流业的完整统一管理。在现行行政环境下，物流管理职能履行效果很大程度上将取决于外部行政环境的配合协调，部门协调显得尤为重要。从内部看，也存在纵向层级多，主体不对应；横向各功能要素尤其是运输管理缺乏真正融合等一系列问题。

因此，今后物流管理体制的完善必须从“内外”两方面同时着手解决，才能实现真正意义的综合管理。改进方向和方法则是强化行业管理职能的综合型物流管理体制替代分散型多部门管理体制，统筹和协调各种物流要素发展，实现物流基础设施统一规划建设，以发挥物流系统综合功能和整体效益。在管理体制方面，逐步调整职能配置，优化组织机构设置，加强职能部门综合协调平衡能力，提高行政执行效率。

5.1　总体思路

深化物流管理体制改革的总体思路是：以习近平新时代中国特色社会主义思想为指导，全面贯彻落实党的十九大和十九届二中、三中、四中、五中全会精神，牢固树立新发展理念，按照推进国家治理体系现代化、国家交通强国建设和畅通国民经济双循环，建设现代流通体系的规划部署，紧紧围绕国民经济和社会发展对现代物流业的总体要求，以转变政府职能为核心，以优化物流管理组织结构为抓手，理顺物流管理中政府与市场、部门与部门、中央与地方的关系，通过管理机构和管理职能的科学调整和合理配置，建立起权责一致、分工明晰、决策科学、执行顺畅、监督有力的强化行业管理职能的综合型物流管理体制，进一步降低物流制度性成本，为现代物流业发挥国民经济基础性、先导性、战略性作用奠定坚实的制度保障。

5.2　主要目标

深化物流管理体制改革的总体目标是：建立适应经济社会发展需要的强化行业管理职能的综合型物流管理体制与机制，基本满足建设高效现代流通体系、构建新发展格局，以及城乡居民便捷、高效、安全、普惠的物流需求。通过理顺管理体制，完善运行机制，进一步促进物流降本增效，实现“四个根本转变”。

理顺管理体制。紧紧围绕转变政府职能这一核心，充分发挥市场机制作用，规范机构设置，理顺职责关系，提高行政效能和资源配置效率，建立体系完整、机构精干、运转协调、行为规范、公正透明的现代物流管理体制。

完善运行机制。全面有效地履行政府职能，明确和强化责任，实现综合管理，减少职能交叉，形成权责一致、分工明晰、决策科学、执行顺畅、监督有力的物流与管理运行机制。

实现四个根本转变。实现政府管理职能向创造良好发展环境、适应市场经济发展要求、提供优质物流服务的根本转变；实现机构设置及人员编制向科学化、规范化、法制化、精干化的根本转变；实现行政运行机制和管理方式向规范有序、便民高效的根本转变；实现物流管理从分散向集中、从分割向整合、从城乡二元化向城乡一体化的根本转变。

5.3 基本原则

我国深化物流管理体制改革的基本原则如下：

坚持政府主导，加快改革。在党中央、国务院的统一领导下，结合我国经济社会发展和现代物流发展的实际需要，抓住新一轮国家和地方行政管理体制改革的机遇，制订科学的改革方案，加快推进物流管理体制改革。

坚持精简高效，权责一致。把不该由政府管理的事项转移出去，把应该由政府管理的事项切实管好，精简机构设置，简化办事程序，减少管理层次，优化人员结构，提高行政效率；确保执法有保障、有权必有责、用权受监督、违法受追究，实现权力和责任的统一。

坚持探索创新，稳步推进。继续按照国家确定的改革方向，创新物流管理体制的模式、方法、方式，同时处理好改革发展稳定的关系，扎实有序推进，建立和完善适合经济发展需要的物流管理体制和机制。

5.4 重点任务

中央政府层面物流管理体制改革的重点任务如下：

（1）完善物流产业管理的综合协调机制。

物流业是复合型产业，涉及各行各业，而且市场化程度较高。国家将物流业定位于国民经济基础性、先导性和战略性产业，迫切要求尽快建立有利于物流产业加快发展的体制机制。目前来看，国家层面建立一个统一的物流产业管理机构既无可能也无必要，因此，应当把重点放在进一步完善现有现代物流部际协调工作机制。重点是完善牵头部门的组织责任、统筹协调职责和各相关行业主管部门分工负责的制度措施，强化综合协调机制运行的规范化、制度化，确保“遇事能议、议而能决、决而能行、行能见效”。

（2）理顺产业管理和专业管理的职责关系。

①加强国家层面物流产业管理。推动国家发展和改革委员会将物流管理职

责更多集中于产业管理，主要包括：制定物流产业政策（如税费、用地、投资等宏观产业政策）；协调处理交通运输、商贸流通、仓储等行业发展规划及政策与国民经济和社会发展总体规划、物流产业政策之间的关系；协调处理地方各级人民政府与中央政府有关部门在物流业规划、政策、重大项目建设方面的关系。国家发展和改革委员会原则上不再参与具体的项目管理。

②强化“运输”与“仓储”两大基础性要素的专业管理。将运输基础设施、运输装备、运输市场监管等相关要素管理职责，集中于政府交通运输主管部门，构建各种运输方式、各种运输要素统一集中管理的更专业化、更深层次的交通运输大部门体制。促进仓储管理更深融入商贸流通各个环节，使政府商务主管部门更专注于商贸流通领域的专业化管理，弱化对城市配送等物流具体组织形态的业务管理。

（3）进一步深化交通运输大部门体制改革。

①整合“运输”要素管理职能。借鉴欧洲、美国等发达国家和地区机动车管理先进经验，理顺机动车管理职能，将机动车生产、使用、报废的全过程实施统一管理，建立运输装备安全、经济、效率、节能、环保等目标相协调的管理体系。为此，需要研究探索、稳步推进，将工业和信息化部负责的汽车生产管理职责、商务部负责的汽车报废管理职责、公安部负责车辆注册登记的技术管理职责，整合划入交通运输部。

②理顺道路交通安全管理职责。借鉴欧洲、美国等发达国家和地区道路交通安全管理经验，按照决策和执行相对分开原则，将道路交通安全领域相关法规拟定、制度规定等职责，以及驾驶员考试管理职责，由公安部移交交通运输部。公安部不再承担车辆管理、驾驶员管理等方面的技术管理事务，只是具体负责交通警察队伍的建设管理，交通警察在公路上的职责主要是作为“现场客观现状的记录者”来执行法律及政府交通运输主管部门的规定。加快推进道路交通安全管理领域的跨部门综合执法，逐步实现公安交警、公路路政、道路运政等行政执法“统一机构、统一标准、统一规范、统一执法”。

③完善综合运输行政运行机制。目前，交通运输大部门体制已经初具形态，但总体而言，铁路、航空等运输方式的行政管理仍相对独立，综合运输一体化统筹管理的行政运行机制尚不健全。下一步有必要着力推动完善有关部管国家

局的法规制度，加快建立健全交通运输部与部管国家铁路局、中国民用航空局、国家邮政局的行政运行机制，加快形成交通运输部与中国铁路总公司之间行政管理和企业管理界面清晰、职责明确的良性互动关系。

（4）理顺物流管理中政府与市场的关系。

①进一步明确政府职责边界。政府物流管理的主要职责包括：a. 加强宏观管理。通过强化统一规划、产业政策、标准规范、监督指导、综合协调等职能，加强各种物流供需变化的监测和平衡，对物流产业总量增长、结构优化以及平稳运行实施有效调节。b. 严格市场监管。通过完善运输、仓储等行业法律规范体系和市场诚信体系，健全市场准入与退出机制，构建行政执法、行业自律、舆论监督、公众参与相结合的市场监管体系。c. 更加注重公共服务。通过加强运输和仓储等基础设施建设，完善运输、仓储服务的相关法规制度，为物流运作奠定良好基础；通过加强安全和应急体系建设，提高物流运行安全和应急保障能力；通过完善物流公共服务体系，不断提升政府服务市场的能力和水平。

②加快完善现代物流市场体系。要从广度和深度上推进铁路、民航、邮政等重点领域的市场化改革，推动资源配置依据市场规则、市场竞争实现效益最大化和效率最优化。加快建立公平开放透明的市场规则，完善主要由市场决定价格的机制，改革市场监管体系。重点清理和废除妨碍全国物流统一市场和公平竞争的各种规定和做法。着力深化企业改革，特别要引导发展国有资本、集体资本、非公有资本等交叉持股、相互融合的混合所有制经济。

③规范物流社会中介服务。推动物流领域各类行业协会、中介组织的改革创新，充分发挥社会组织桥梁纽带、行业自律管理功能，推动在沟通市场诉求、政策建议、从业行为规范、统计调查与信息发布、交流与合作、技术咨询服务、资质评定和人才培训、标准规范拟订等方面发挥更大作用，加快构建政社分开、权责明确、依法自治的物流现代社会组织体系。

第6章 中国物流管理体制改革路径分析

物流业的属性注定其管理体系必定是一个横向的、综合的、全方位的协调机构。只有这样才能有效协调各种运输方式及各部门、各产业之间的关系，推进落实物流相关规划和政策措施。本章在深入分析综合型物流管理体制运行机制的基础上，提出物流管理体制的改革路径、改革措施及主要任务。建议我国可以尝试采用“交通运输主管部门＋行业协会”的综合型物流管理体制，进一步强化行业管理职能。

6.1 综合型物流管理体制运行

强化行业管理职能的综合型物流管理体制的特点在于强化物流行业管理在物流管理实践中的作用，将行政管理职能主要集中于标准、诚信、市场环境等方面的规制上，并且通过建立高效合理的综合协调机制，整合多部门分散型管理资源。在强化行业管理职能的综合型物流管理体制作用下，运行结构和运行体制均会发生变化。

6.1.1 运行结构

我国现行物流管理体制是以政府行政管理为核心，以行业发展规划、行业行政指导、行业自律为必要补充建立起来的。在这个框架中，政府行政管理是核心，行业自律、行业规划以及行业协会都纳入政府管理的轨道，具有较为浓重的行政管理色彩，进而在物流业管理职能、管理机构设置、管理方式上更多地与行政机构设置相配套，这将导致我国物流管理体制手段缺乏、形式单一、职能界定不清、职能交叉、政出多门。

强化行业管理职能的综合型物流管理体制旨在充分发挥政府的引导作用，强化行业管理职能，使物流管理形成政府管理体制、社会管理体制和行业自律机制的“三位一体”格局，如图 6-1 所示。

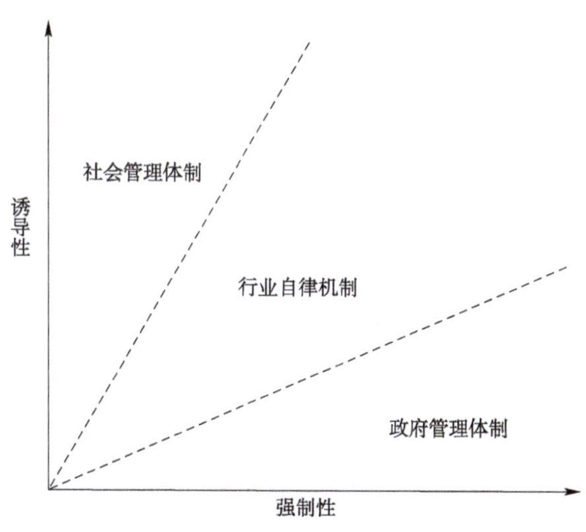

图 6-1　综合型物流管理体制结构

从功能来看，这三种管理体制各有优劣点，三者之间是互补的关系：政府管理体制重强制性而弱诱导性；社会管理体制则相反，强诱导性而弱强制性；介于政府管理和社会管理之间的行业自律既可以提出高于法律规定的标准，迫使非营利组织不断提高效率，也可以拥有一定的强制性，约定会员组织采用行业自治组织统一的标准和价值。所以，三者都处于不可或缺的地位。强化行业管理职能能够确保管理主体之间的相互联系、相互沟通，通过相互的接触来规范和约束行业行为。

6.1.2　运行体制

强化行业管理职能的综合型物流管理体制由于在结构、构成要素等方面已经发生了相应的改变，因而其运行轨迹和运行方式也随之发生改变。具体而言，强化行业管理职能的综合型物流管理体制的运行轨迹，主要是朝着行业内在管理和行业外在规范两个方向发展，由此决定了管理主体、管理依据、管理方式和管理对象的不同。综合型物流管理体制运行框架如图 6-2 所示。

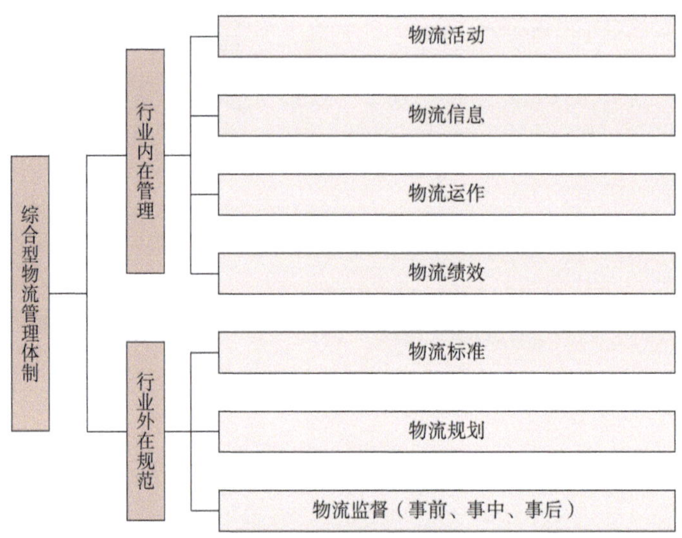

图 6-2　综合型物流管理体制运行框架

在强化行业管理职能的综合型物流管理体制运行框架中，物流的行业管理应作为该管理体制的主体部分，实际上是突出行业内在管理的重要性，它主要从物流产业管理规则、行业自律等层面，对物流企业的活动、物流信息、物流运作等方面进行管理；而物流规划、物流标准规范以及物流的监督等则构成物流行业管理的外在规范部分。

行业内在管理包括确定管理主体（行业协会）、管理依据（物流行业规范、企业责任等道德规范）、管理方式（行规约束、道德自律）与管理对象（市场主体、市场运作、市场信息），是一体化运作的过程，如图 6-3 所示。

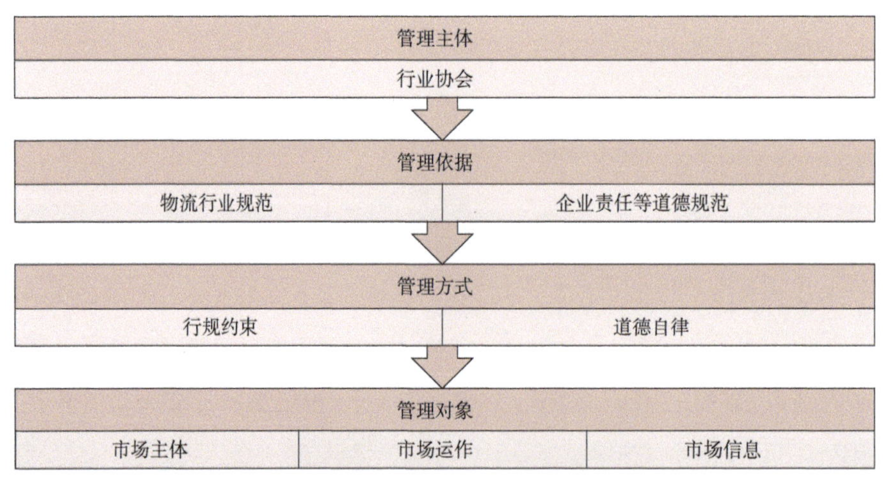

图 6-3　行业内在管理流程

行业外在规范运行流程包括规范主体（行业主管政府机构）、规范依据（物流标准、物流规范、物流法规、《中华人民共和国消费者权益保护法》）、规范方式（事前审查、事中监督、事后监督）与规范对象（物流信息），如图 6-4 所示。

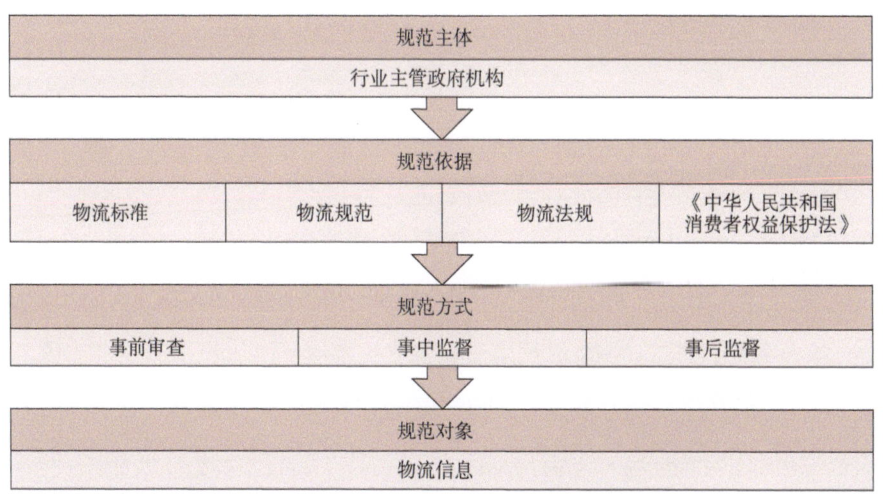

图 6-4　行业外在规范的流程

6.2　物流管理体制改革路径

单靠一个或几个部门的能力是难以适应经济社会发展对现代物流业的需求的，其管理体系必定是一个横向的、综合的、全方位的协调机构。只有这样才能有效协调各种运输方式及各部门、各产业之间的关系，推进落实物流相关规划和政策措施。因此，国务院批准成立了全国现代物流工作部际联席会议，以实现加强对全国现代物流工作的综合组织协调、充分发挥各部门的职能作用，这是促进现代物流全面快速协调健康发展的必然选择。现阶段，物流管理体制改革应遵循优化职能、重点突破的改革路径，主要任务是处理好政府和市场的关系，在更加尊重市场规律、更好发挥政府作用的基础上，强化部级联席会议机制，突出交通运输主管部门和行业协会的作用。

6.2.1 合理配置政府与市场职能

（1）政府与市场职能划分。

物流业是一个跨部门、跨行业的复合型新兴产业，涉及公路、铁路、水路、航空、邮政等多种运输方式，同时，在其业务操作中也涉及口岸、税务、通信、运输及金融等多个相关部门及产业。目前，我国物流政策体系中复杂的多头行政管理虽然顾及了各个部门的利益，并形成了一种正规与非正规并存的相互协商机制，但也造就了界限不清、相互扯皮、目标冲突的官僚主义环境，这既可能使政策在实际执行过程中与那些持有反对意见的部门的拖沓而变得低效甚至无效，还可能使物流企业必须同时与几个部门打交道而显得无所适从，同时也造成中央政府决策时的信息模糊和信号混乱，不利于物流产业的发展。

造成上述问题的根本在于认识市场与政府的关系，基于对政府与市场的关系的认识，进而建立健全行业管理体制与机制。基于物流系统的多要素进行系统分类，构造出由制度、管理、组织、技术、人力资源与资本6个方面构成的物流系统要素体系，如图6-5所示。

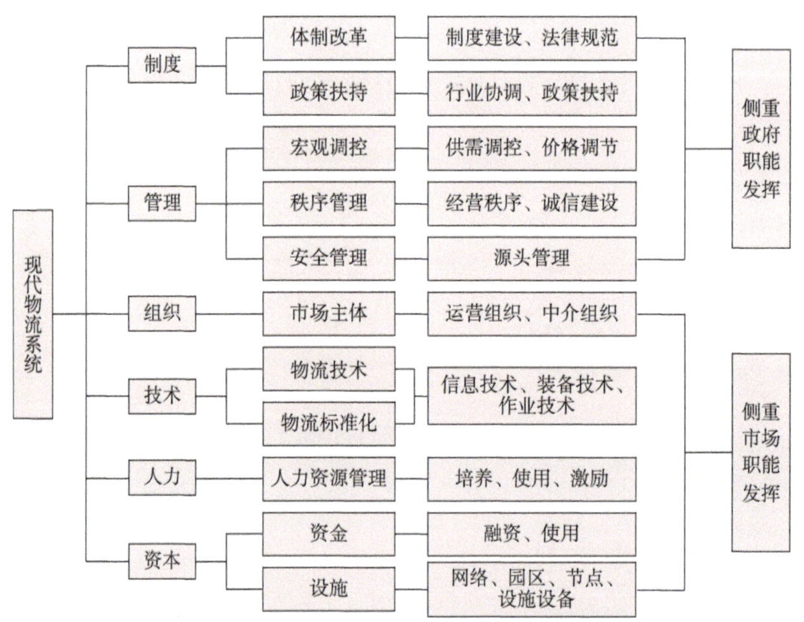

图6-5 现代物流体系的政府与市场职能关系

在制度、管理和组织方面需要发挥和指导政府职能，而在技术、人力资源与资本等方面则侧重市场职能的发挥。

（2）职能配置思路及方向。

物流行政管理职能界定的总体思路是遵循社会经济、物流行业发展规律，立足物流业发展现状及未来趋势要求，有利于统筹发展各种运输方式和比较优势，统筹物流基本功能要素，符合行政管理体制改革方向。遵循上述思路，研究认为我国物流行政管理职能发展的总体趋势如下：

①各运输方式管理职能将由分散趋向集中。各运输方式实行统一管理，是交通运输发展规律的必然要求。管理的统一，有利于从根本上解决制约社会经济和运输生产力发展的体制性障碍，有利于交通运输基础设施的统筹布局和交通运输发展政策的统一考虑，从而优化运输的组织方式与结构，是实现各种运输方式的优势互补、有效衔接，建立畅通、安全、便捷的交通运输体系，减少出行时间和费用、提供“无缝”和“零距离换乘”的交通运输服务系统的前提和基础。

②管理要素由分割向一体化转变。能否实现相关管理要素的统一是衡量政府机构改革成效结果的关键所在。只有在物流行政管理职能的配置上，逐步实现交通运输管理要素的统一，把现行由诸多部门分别负责的基础设施、运输装备、运输市场监管等方面管理职责，交由综合运输行政主管部门统一归口管理，实现相关管理要素的统一，才能真正避免政出多门、职责交叉、推诿扯皮、管理效率低下等现象的发生。物流管理其他相关要素也存在同样的问题。

③实现“决策、执行和监督”的制衡与协调。物流行政管理职能配置要想取得预期效果，还必须在职能配置上注重采用“决策、执行、监督”相协调制衡的原则，使之符合国家行政管理体制改革总体要求和方向。实现决策、执行、监督权的相对分离，一方面有利于决策者把力量集中于政策法规的制定和协调监督方面，从而实现物流要素统筹综合协调，并提升决策的科学化水平；另一方面，可以发挥执行机构的专业分工优势，以便能够向社会提供更优质的服务，也有助于决策部门相对超脱地监督执行机构，从而一定程度克服执行过程中的部门利益倾向，提高执行效率。

④实现中央地方、政府市场职能的合理划分。从我国改革开放以来的历次职能调整来看，划清政府和市场、中央和地方的职能边界始终是改革着力解决

的核心问题之一。虽然物流管理在此方面已取得了很大进步和可喜成果，但与理想目标相比，仍相距甚远并有较大的改进和提升空间。如地方性的基础设施建设项目管理等主要涉及地方公共利益事项的决策权，应主要由地方承担，中央主要是提供支持和指导，而应尽量减少直接干预；对于物流政策等涉及全国范围的管理事项，则应主要由中央负责，从而逐步形成中央和地方合理分权[1]的模式，以避免形成部门集权或“强部门弱政府”的局面。物流行政管理中的部分职能也有进一步向社会转移的必要，通过加大对第三方机构或社会中介机构的扶持培育力度，从而不断扩大行业开放程度，以便减少部门“寻租”机会和降低“寻租”可能性。

6.2.2 提升政府管理体制效能

政府作为规制物流业发展的管理主体，要充分利用宏观方向的把握和政策引导来促进物流管理体制的改革进程。

（1）优化政府组织结构。

结合政府机构改革，进一步优化政府组织结构，优化政府机构设置。机构设置是体制改革的重要环节，也是体现改革成效的主要标志，应避免机构重叠和相互干扰。政府职能主要包括经济调节、社会管理、市场监管和公共服务4个方面。具体到物流业，政府的职能则主要集中在经济调节、公共服务和市场监管3个方面，其基本的职能定位如下。

①物流业的经济调节。物流业的经济调节主要包括物流业自身结构调整和产业升级。

②物流业的公共服务。物流业的公共服务具体包括两方面：物流基础设施领域的公共服务，主要体现为物流公共基础设施的提供；物流领域的公共服务，例如城市配送的优化管理、公共物流信息服务等。

[1] 《中共中央关于完善社会主义市场经济体制若干问题的决定》中提出：“合理划分中央和地方经济社会事务的管理责权。按照中央统一领导、充分发挥地方主动性积极性的原则，明确中央和地方政府对经济调节、市场监管、社会管理、公共服务方面的管理责权。”这一规定反映了我国完善市场经济体制的根本要求。例如美国、德国等国家，联邦政府只制定决策和监督政策的制定，执行性工作更多是由联邦政府主管部门委托州政府负责。

③物流业的市场监管。物流市场监管同样包括两个方面：物流基础设施领域的市场监管，如基础设施运营的监管；物流运输市场的监管，包括物流市场运营的监管。

目前，各省（自治区、直辖市）物流主管部门所属专业管理机构的设置数量不一、职责不同、规格和名称不统一。受物流产业基础性、战略性的影响，专业管理机构设置有进一步膨胀的趋势。特别是在共同配送上，有的地方设有多个管理主体。管理主体多元化在一定程度上造成职责交叉和效率降低。物流园区管理有的地方也存在多个管理主体的问题。因此，要按照大部制改革的整体部署，集聚物流要素管理，整合交叉管理部门的职责，由权力分散的管理方式转变为权力集中的管理方式，减少甚至避免多头管理的现象，形成大部门系统的新物流管理体制。在考虑物流管理体制中的问题时，不但要考虑交通运输部与其他运输方式的体制优化问题，也要考虑其他相关行业的体制优化问题。

任何管理体制中，机构和职能之间都是对立统一而相辅相成的关系。管理机构在制度上保障了管理主体对管理对象的管理行为实现有效实施，行业主管部门的管理职能要通过建立管理机构得以真正实现。管理职能是管理机构存在的基础，管理机构存在的意义是为了实现管理职能。外在经济社会环境发生变化时，管理职能也会发生改变，而当政策发生变化时，一些职能会转移到其他部门，而一些新的职能也会产生，职能的改变会要求管理机构也随之调整，不然就无法适应，无法顺利完成管理工作。因此，物流管理体制的优化调整要同时考虑主管部门机构调整与职能分配的问题，只有考虑到二者的联系，才能同时完善管理职能和管理机构，从而改良现行的行业管理体制。

（2）强化物流工作部际联席会议职能。

目前，部际联席会议每年在例行会议上所做的工作计划和安排很难在实际中得到落实，特别是在相关物流规划和政策落实方面，在协调各部委关系和督促落实各部委相关政策方面所起到的作用越来越弱。因此，要大力推进物流相关规划落地，必须强化部际联席会议职能。

部际联席会议协调作用难以发挥的关键是牵头部门权力不到位，必须由更高一级部门来牵头。建议由国务院副秘书长以上级别的领导来牵头，确定联席制度中各个部委的职责，尤其是交通运输主管部门的牵头作用，明确每个部门具体的职责、必须落实的任务以及时间节点等。在此基础上，明确中央政府与地方政府的管理权限、优惠政策等。

同时，还要通过建立政府规章或立法为联席制度作用的发挥作保障。目前在法律上，国家还没有赋予联席制度相应的法律依据。虽然有一些部门规章，但还不足以覆盖现代物流全流程管理。所以，迫切需要建立一部具有高层次、高效力的综合性法律，可以把部际联席会议临时性、应急性、不具有刚性的协调制度形成规章制度，确定牵头协调部门以及各部门的职责，并择机研究制定物流业促进方面的法律法规。同时，通过部际联席会议与国家统计局合作，从国民经济行业分类、产业统计、工商注册及税目设立等方面明确物流业类别，明确物流业的产业地位。

专栏一：上海市电子商务发展联席会议制度办公室

2011 年，由上海市商务委员会牵头，会同 21 个政府部门组成的上海市电子商务发展联席会议，形成了电子商务协同推进的工作机制。办公室设在上海市商务委员会，商务委员会负责将有关工作向上海市政府分管的副秘书长进行报告，由副秘书长牵头来召集会议。实践证明，该协调机制办事效率非常高。依托于联席会议制度，上海市电子商务发展也取得了显著的成绩。而这一协调机制的职能之所以避免了扯皮现象的发生，与上海市政府副秘书长作为总牵头人有着不可分割的关系。

综上所述，全国现代物流工作部际联席会议增加联席制度相应的法律依据，强化牵头部门权力，弱化物流产业运行的直接调控，取消指导各省（自治区、直辖市）人民政府及其职能部门的现代物流工作。通过全国现代物流工作部际联席会议促进打破条块分割和地区封锁，减少行政干预，清理和废除妨碍全国统一市场和公平竞争的各种规定和做法，建立统一开放、竞争有序的全国物流服务市场。

（3）充分发挥交通运输主管部门作用。

交通运输是物流运行的核心功能，我国物流业发展的顽疾就在于铁路、公路、航空、水路等运输方式之间各自为政，呈现出“九龙治水”的局面，难以推动各种运输方式的转换衔接。交通运输部是集中对多种运输方式进行管理的行政部门，交通大部制改革后，特别是随着铁道部并入交通运输部，交通运输部已具有公路、铁路、水路、邮政、民航空运等交通方式统一管理的职能，国家已经明确交通运输主管部门负责综合运输规划协调、参与物流发展战略和规划、政策的制定工作，这有利于综合交通运输体制的形成，打破多种运输方式之间各自为政的局面，有利于各种交通运输方式的布局、协调以及转换衔接，有助于各项规划的落地。民航和邮政虽已划归交通行业，但受历史原因制约，其本身享有较大独立性，与其他机构在职责划分、关系定位、工作协调机制等方面尚需要较长时间磨合，短期内很难实现与公路、水运的真正综合。如中国民用航空局、国家邮政局作为交通运输部管理的国家局，在机构上设置了从规划、建设到运营管理的部门和人员，在相关职能上与交通运输部存在一定程度的交叉。例如《交通运输部主要职责内设机构和人员编制规定》明确指出由交通运输部“组织拟定并监督实施公路、水路、民航等行业规划、政策和标准”，但《中国民用航空局主要职责、内设机构和人员编制规定》也明确由中国民用航空局“拟定民航有关专项规划、年度计划，并组织实施和监督检查”。

因此，交通运输管理部门要进一步转变管理职能，由直接、微观管理向间接、宏观调控转变；进一步将行业技术标准、行业准入审核、等级评定、公信证明等方面的基础和事务性工作交由社会中介组织；将分散在行业内专业管理机构的政策法规、标准规范、战略规划等决策性职能上收，由交通运输主管部门行使。同时，借鉴日本管理体制，将仓储纳入交通运输部的管理职能，交通运输部未来的物流管理职责更加集中于主要综合运输规划、车辆安全的监管、运输组织的优化等方面。

①宏观决策：具体包括物流发展的战略和规划的制订与调整；行业法规、规章和政策的起草或者制订；行业标准的起草或者制订。

②公共服务：具体包括中物流基础设施、公共物流服务产品、公共信息、公共安全的供给和管理；物流应急的保障。

③市场监管：具体包括市场准入、市场退出，市场行为的监督检查。

④综合协调：具体包括各种交通运输方式的综合协调和可持续发展；物流安全以及环保的协调；突出事件应急处理的协调。

此外，明确其在部级联席会议制度下的协调职能，既要统筹协调好交通运输部下设的公路、铁路、航空、水路等各个部门的利益，还需做好国家发展和改革委员会、商务部、公安部、财政部等部委涉及物流政策的协调工作。应由交通运输部内的综合运输规划部门全面负责国家综合运输规划的制定和实施，并在各省或重点城市（或都市区）设立不同层级的综合运输规划机构；还应在交通运输部内设立多式联运管理的专业部门，为推动综合运输的实现提供机构保障。

专栏二：车辆安全监管主体责任落实

车辆是重要的交通运输构成要素，对车辆的生产、报废标准、市场准入、运营检测实施管理，是交通运输行政主体实现运输市场监管的重要手段。但我国现行所有上路行驶车辆的检验、登记注册、牌照管理等均由公安交通管理部门负责，车辆生产、行驶相关技术标准由质量监督检验检疫部门负责，车辆的报废标准由商务部门负责，车型生产企业及产品公告由工业和信息化部负责，交通运输主管部门仅负责营运车辆的性能检测。在车辆管理方面，由于管理主体众多，因而带来了标准不统一、管理效率低、效果差、社会成本高等诸多问题。目前我国车型极为混杂，车辆非法改装、超载超限现象严重，极大地危害着驾乘人员和社会公众的人身安全，这和管理主体分散、责任不明确、管理效率不高等问题存在密切关联。

综上所述，交通运输部应增加物流规划以及发展战略统筹职能，强化车辆标准统筹的职能，建立以需求为导向的车辆标准以及物流安全的制定机制，弱化对具体项目如物流枢纽的直接投资职能，取消行业准入审核、等级评定、公信证明等方面的基础和事务性工作。

（4）明晰其他物流主管部门职责。

①商务部。商务部未来的物流管理职责主要体现在如下方面：

a. 制定指导商贸物流发展规划，特别是要做好生活资料包括农产品等关系千家万户的重要消费品的流通和生活服务市场发展的顶层设计，健全规划实施保障机制。

b. 建设功能健全的商贸物流基础设施，负责支持城区配送节点网络中分拨中心、公共配送中心和末端站点的设施建设和设备更新改造。

c. 加快商贸物流发展模式创新，培育充满活力的市场主体。负责推动商贸流通企业（商业网点）与货运配送企业协同开展多种形式的共同配送和夜间配送。

d. 推进商贸物流信息和数据平台建设，提高公共服务水平。支持商贸流通企业（商业网点）与货运配送企业、城市货运配送综合信息服务平台的信息资源共享和对接，支持建设一批物流电子交易平台。

②国家发展和改革委员会、工业和信息化部、公安部。

国家发展和改革委员会、工业和信息化部、公安部未来的物流管理职责分别体现在如下方面：

a. 国家发展和改革委员会负责制定相关物流发展目标；审核物流发展规划；负责物流项目备案、核准和项目申报工作的汇总。要强化宏观协调、部门协调职能，弱化对行业运营的直接管理。

b. 工业和信息化部应强化基于需求导向的车辆技术进步职能。

c. 公安部应强化与交通运输、商务等部门的协调，弱化对运输规制的直接干预，增加保障民生的安全、适应性的交通管控机制。

6.2.3 推进社会管理体制优化

政府要通过协会加强行业管理和服务，发挥行业协会的桥梁和纽带作用，做好调查研究、技术推广、标准制订和宣传推广、信息统计、咨询服务、人才培养、理论研究、国际合作等方面的工作。行业协会要加强行业自律，牢固树立为政府、行业和企业服务观念，成为沟通政府与企业、教学和科研机构的桥梁和纽带。

（1）规范行业协会发展和管理。

清理着重逐利、从长远看对我国物流市场主体培育和产业发展无显著益处的物流行业协会，对物流行业协会应具有的功能、作用、职责作出明确规定，规范物流协会发展和管理，加快国内物流行业协会与国际惯例接轨，有效发挥协会的作用。

（2）支持和鼓励重点行业协会发展。

政府要进一步加大对行业协会的支持力度[1]。目前，中国物流与采购联合会、中国交通运输协会等全国性物流行业协会组织已在行业协调和行业自律等方面发挥了重要的作用，国家应给予积极参与行业管理的协会相应的政策和资金支持，以保障行业协会健全和完善各项行业基础性工作，积极推动行业规范自律和诚信体系建设，保障行业健康发展。

6.3 物流管理体制改革实施

6.3.1 实施路径

当前，我国物流发展的主要瓶颈在于运输方式的衔接上。因此，实现物流的统一管理有两条路径。

路径一：先整合不同运输方式，再完善内部管理。即将改革重点优先放在运输方式整合上，先整合不同运输方式，形成管理的基本框架，再通过后续调整不断完善内部管理，作为后一步调整改革的重点。

路径二：先整合行业内部资源，再融合各运输方式。即首先保证实现行业内部的整合，积极争取管理要素整合，力求解决制约各运输方式发展的深层次问题，各运输方式的整合则作为后一步改革的重点再予以考虑。

[1] 根据美国、日本等的发展经验，重点行业协会对行业管理发挥的作用较大，并且多数受到国家政府的大力支持，如日本运输税收中的 6% 用于支持日本货运协会的发展，以强化其行业管理作用。

上述两种方式各有利弊。路径一符合物流业以及交通运输业的发展现状要求，更有利于有效发挥交通运输主管部门在物流发展中的规划、管理、协调作用，有利于尽早实现物流发展目标，并且符合当前综合交通发展形势和舆论；路径二有利于解决物流管理中存在的根本性问题，从长远看是物流发展必然的要求。但鉴于历次政府机构改革已取得一些重大突破，而剩余职责交叉问题多是牵扯面较广、涉及因素较多的现实情况，解决问题的难度相当大，涉及行政体制深层次问题，短时间内得以全面解决的可能性极小。

6.3.2 实施突破口

市场作为一种制度设计，需要通过一系列规则和惯例发挥作用，在经济变革中，这套规则和管理也要培育和优化。物流行业管理体制突破可以从管理对象入手分阶段推进。

（1）改革第三方物流管理体制。

第三方物流是从生产、工业领域独立出来、专门进行物流服务的行业，其边界清晰，行业所涉及的管理体制基本上集中在交通运输管理部门，相关政府管理部门职责清楚，可以作为一个行业进行管理，专门负责研究、制定、规划和协调物流产业发展的相关政策。第三方物流的特点决定其管理体制要打破部门分割，进行合理有效的产业结构调整，将不同运输方式的管理职能纳入统一的部门，以提高政府的规划预测功能和协调效率，同时避免多头管理的弊端，以利于政府按照物流发展的要求制定统一的管理制度，以统一的立法规范统一的市场，进而提高国民经济整体运行的效率。对第三方物流采取部级联席会议制度管理可能导致效率低下，发挥作用有限。

物流管理体制改革不是按照一个理想的模式和预定的时间表进行的，新的、有效的资源配置方式和激励机制也不可能在全产业各个环节同时发挥作用，而只能是在个别效率先进部门率先发挥作用。第三方物流通过专业外包，降本增效，其行业效率增量有利于激励新机制的建立。这类似于我国经济体制改革的“增量改革”，即不从资产存量的再配置入手，而着眼于从资产增量的配置上引入越来越多的市场机制的改革方式。这种改革方式是我国渐进式改革的重要特征，具有较强的可行性。

（2）改革城市物流管理体制。

地方行政组织积极参与是我国经济政策决策的一个显著性政治特征。我国的许多经济改革都始于地方的探索或试验。因此，发挥城市层面的积极性，进行试点创新，如借鉴成都经验，进而带动全国物流管理体制机制的完善。选择城市层面开展物流体制改革试点也体现了物流管理体制改革的局部性特征，每项改革要从小范围试验开始，在取得一定进展后加以推广，由点及面，不断总结和观察，进而扩大其施行范围。

这种以城市为试点的物流管理体制改革的主要优点是：①尽可能地减少了改革的风险。以局部的、试验性的方式进行改革可以把试错成本分散化，避免过大的失误。②这种配合增量改革的试验性改革，大都是从解决物流管理体制的某些具体问题出发，从管理体制的一些环节入手，使得物流管理体制的建立与健全沿着可以取得成效的方向推进，并且获得了一种自我加强的特征。③可以为物流产业的市场建设和发育创造一个过程。物流市场的健康发展有赖于一系列规则和惯例的形成以及硬件环境的建设，城市层面的试点为每一部分新增的体制机制赢得了相应的市场环境培育时间。

“城市”层面可以结合地方特点，明确政府物流主管部门以及其他相关部门在促进现代物流业发展方面的职责分工，甚至可以组建专门的物流发展管理机构“物流发展局”，对物流业实施统一归口管理，建立有效协调的大物流政府管理机制。

“物流发展局”职责应该设定为：①贯彻执行国家有关物流发展的法律、法规、方针、政策和省物流发展法规。②制定和实施全市物流业发展的政策和措施，制定和实施物流业发展规划。③负责全市物流业发展的指导、监督和服务工作，组织制定并施行物流市场规则、服务质量标准，培训物流管理人才，培育、规范和监管物流市场。④制定并落实重点物流发展项目扶持政策，推进重点物流项目、物流园区和运输枢纽建设，扶持物流企业发展，推进传统运输业向现代物流业转型。⑤组织贯彻执行国家物流业技术标准，组织推广先进物流技术的使用，组织建设物流信息平台，推进物流信息化、标准化建设；负责物流企业的行业管理及服务工作。⑥和统计部门共同负责社会物流统计工作，定期公布物流统计信息。⑦推动生产和商贸企业与物流企业联动发展，积极发展第三方物流。⑧加大对物流业发展扶持力度；培育物流企业，扶持和发展一批具有竞争力的现代物流企业。⑨推动与电子商务的深度融合，开展物流业的国际合作。

6.4　物流管理体制改革主要任务

我国实行社会主义市场经济体制，既要发挥市场在资源配置中的决定性作用，也要坚持发挥我国社会主义制度的优越性、发挥党和政府的积极引导作用。因此，我们要学习、借鉴发达国家物流管理经验模式，同时创新思维，健全我国行政指导机构职能，包括国家发展和改革委员会、交通运输部、商务部等。行政指导机构职责负责指导全国物流管理工作，国家发展和改革委员会主要负责宏观规划，交通运输部负责专业管理，商务部主要负责流通管理，并突出交通管理部门的管理职能。

6.4.1　政府管理体制改革

6.4.1.1　突出交通运输主管部门的专业管理职能

从欧洲、美国等发达国家和地区的物流管理经验来看，运输是真正具有公共服务属性的环节，各国交通运输主管部门均把管理的重点集中于提升货运效率，从而为国家经济社会发展和生产生活做好服务上；而其他物流环节均属于市场行为，政府干预较少，应该由市场调节。因此，国家公共管理应主要从运输领域介入。我国物流管理体制改革应突出交通运输主管部门的专业管理职能，把物流政策综合协调职责直接授予运输部门。

（1）强化区域综合物流规划职能，确定“三规合一”的规划编制体制，使得国民经济和社会发展规划、土地利用总体规划、城乡总体规划以及物流发展规划、交通运输发展规划、城市配送规划能够有机衔接，打造有利于科学发展的空间平台和管理平台，实现经济发展目标、土地使用指标、空间坐标“三标”

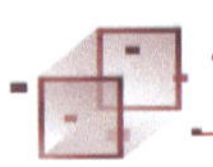

的衔接，从而确保物流用地、资金等方面的需求。确保各物流方式的均衡发展，可以避免形成垄断，而物流资源的具体配置主要是通过市场竞争来决定的，而不是政府的规划，尤其是中央政府的综合运输规划实现的。中央层面的综合运输管理应主要落在各运输方式发展政策的统筹考虑安排和相关技术标准的统一规范方面，而综合运输规划职责重心下移，由地方承担，由于地方管理机构更贴近和了解实际需求，因而可以更好地承担此项职能，逐步取消为调节供需矛盾而采取的限制措施，使市场机制在资源配置中发挥决定性作用，将行政干预减少到最低限度。

（2）交通安全发展在各有关政府部门中处于核心地位。督促物流企业切实履行安全主体责任，严格执行国家强制标准，保证运输装备产品的一致性。加强对物流车辆和设施设备的检验检测，确保车辆安全性符合国家规定、设施设备处于良好状态。通过制度建设和信息化建设，强化企业经理人员安全管理职责和车辆动态监控。建立健全物流安全监管信息共享机制，物流信息平台及物流企业信息系统要按照统一技术标准建设共享信息的技术接口。

（3）统筹交通运输基础设施的规划与建设，完善综合交通体系，为广大乘客提供安全而有效的运输服务。

（4）按照《物流业发展中长期规划（2014—2020年）》（国发〔2014〕42号）提出的“深化物流业管理体制改革，进一步简政放权，打破行业、部门和地区分割，反对垄断和不正当竞争，统筹城市和乡村、国际和国内物流体系建设，建立有利于资源整合和优化配置的体制机制”的要求，未来我国物流管理体制宜采用部加专业机构的架构形式，由交通运输部负责物流的综合协调平衡和物流产业监督，部内设立专业管理机构，赋予其负责国家有关交通物流发展工作的法律、法规、政策和技术标准等相关工作，并为政府部门拟定交通物流业发展规划及有关政策提供服务，统管我国交通物流发展工作。目前，交通运输部已经具备设立专业管理机构的优势和能力。设立专业管理机构必须注意以下方面：

①目标统一。由于物流管理内容非常复杂，需要众多的管理主体来完成相应的具体任务，因而不同的主体都有各自明确而具体的管理目标。这些分层次、分类别的具体目标，只有服务于、服从于物流管理的整体目标，形成有机联系

的统一体，才能确保物流管理总目标的最终实现。这就要求各层次、各类别的管理主体，首先要认同总目标，在确立总目标的最高层管理主体的统一领导下，合理制定自己的目标，并努力去实现它。物流管理只有在统一领导下，才能充分发挥其特有的社会经济效能。

②专业分工。物流管理的内容和具体任务，既有工程技术方面的，又有经济和行政管理方面的，而且每个方面的任务内部同样因技术、经济要求不同而存在很大差异。这种专业技术与管理工作性质的差异性，要求必须设置不同性质的职能机构，才能实现管理工作的专门化、程序化、标准化，提高工作效率。

③职能整合。将分散在不同机构中的相关工作整合或压缩，形成一个完整工作；或将分散的资源相对集中，由一个机构负责运作，从而解决好部内职能重叠或交叉问题，实现管理的统筹协调。

专栏三：湖北省交通运输厅成立物流发展局

湖北省交通运输厅在2009年就成立了物流发展局推动交通物流发展。物流发展局主要职责包括：贯彻执行国家有关交通物流发展工作的法律、法规、政策和技术标准；为有关部门拟定湖北省交通物流业发展规划及有关政策提供信息服务；推进传统运输业向现代物流业转型；推进重点交通物流基础设施建设和信息化建设；承办上级交办的有关工作。

各市州、县物流发展局还在上述五大职责基础上，增加了三项职责：一是承担交通物流市场的监管工作，维护交通物流市场秩序；二是承担交通物流从业人员培训和职业资格管理工作；三是交通物流发展有关协调工作。

为了做好组织协调工作，物流发展局重点加强与湖北省发展和改革委员会、湖北省商务厅等相关部门积极协同，改变过去“部门分割”的弊端。如在发展农村物流上，物流发展局积极与邮政部门协调，推进道路运输网和邮政服务网优势嫁接。基层物流发展机构与邮政部门在发展农村物流上细化合作，不断完善当地农村物流服务网络体系。

为建设完善的湖北交通物流网络体系，该物流发展局还积极协调多种运输方式有效衔接，努力构建交通物流高效服务网络。如利用客运线路发展小件快递；利用货运专线开展干线快运；利用超市等开展城市配送；利用农村综合运输服务站及邮政网点开展农村物流；形成物流园区、物流中心、配送中心、农村综合运输服务站四层物流节点和干线快运、城市配送、农村物流三级的物流服务网络体系。

6.4.1.2　推动其他物流主管部门职能转变

在信息化时代的发展中，社会结构发生了很大的变化，传统的物流管理机构设置已无法满足现代物流发展的实际需求，这就要求相关部门明确相关职责，合理调整职能，实现职能转变。对于国家发展和改革委员会而言，最重要的是转变职能。减少微观管理，进一步改善和完善宏观调控，着力点就是“市场能管的，你就不要管；市场管不了的，市场不能管的，你就要管。”

6.4.2　社会管理体制改革

（1）中介组织。

行业中介组织在维护市场管理秩序，服务行业经营者，沟通经营者与管理部门等方面发挥了至关重要的作用。社会管理体制的核心在于促进行业协会的发展与强化行业自律。各级各类物流管理机构应不设立官方组织，而鼓励经营者通过协商成立协会组织，并依照国家相关规章制度赋予其一定的管理职能。自发成立的协会组织应有自己的登记注册制度、规章制度、吸收成员标准，并及时协调经营者与当地物流管理机构的关系，及时实现二者之间的信息互通，通过保障社会职能及时将当地行业的意见和建议传达给行业管理部门。

中介组织要提升其管理职能和专业水平。目前物流业的中介组织还存在官方色彩较重的问题，各地成立的中介组织如道路运输协会往往以离退休道路运输管理人员为成员成立并开展工作，而没有考虑吸收有非行业管理人员思想的人才加入。未来我国行业协会建设应主要包括综合型行业协会和专业型行业协会两类。

（2）行业协会。

行业协会要发挥代表职能，代表本行业全体企业的共同利益，借助集体的力量来维护、谋取、增进会员企业的共同利益；要发挥沟通职能，作为政府与企业之间的桥梁，向政府传达企业的共同要求，同时协助政策制定和实施行业发展规划、产业政策、行政法规和有关法律；要发挥协调职能，制定并执行行规行约和各类标准，协调同行企业之间的经营行为；要发挥监督职能；对本行业产品和服务质量、竞争手段、经营作风进行严格监督，维护行业信誉，鼓励公平竞争，打击违法、违规行为；要发挥统计职能，对本行业的基本情况进行统计、分析，并发布结果；要发挥研究职能，对本行业面临的问题提出建议，出版刊物，供企业和政府参考。

行业协会要完善自律机制。自我服务、自我管理、自我教育的自律性，是政府对行业协会的基本要求，也是行业协会成立时必须遵循的章程。通过行业协会的疏导，可以消除或缓解无序竞争，保护行业健康、持续发展。

6.4.3 改革关键影响因素

当前，我国物流管理体制改革虽然已向综合运输管理体制方向迈出了一大步，但尚未有实质性转变，因而未来改革的道路依然任重道远。总体来看，未来改革处在一个并不宽松的环境中，一方面影响改革的一些关键性因素还有诸多不确定性，另一方面还存在各种利益集团的力量博弈，因而改革难度很大。未来影响我国物流管理改革进度的因素，主要有以下 3 个方面：

（1）各运输方式发展改革情况。

从各种运输方式的技术经济特点来看，公路、水路和民航这几种运输方式之间，是合作大于竞争、相互补充的关系。只有铁路运输方式，无论是其合理运距还是运输速度，与航空和公路运输之间都有重叠和交叉，与其余两者在一定程度上呈现出竞争态势，因而如不能把对铁路的管理和公路管理、航空管理结合起来，则无法实现各种运输方式的有机衔接和运输资源的科学统筹配置，也就不具有综合运输管理的内涵。因此，综合运输行政管理体系能否实现，其首要前提就是铁路管理职能能否合并。

我国的管道运输发展目前尚处于幼年时期，总里程只有 10 余万 km，与美国 230 万 km 的管道里程相比，还有很大的发展空间。目前，我国的管道运输需求增长很快，但管道的基础设施网络还仅局限于少数企业控制，投资主体多元化是未来发展的必然趋势和要求，因而管道运输市场尚未发育成熟，需要逐步培育。加之管道运输与其他运输方式的横向联系还较少，问题并不突出，总体而言尚不具备整合的基础条件。

（2）物流体制自身改革完善情况。

在组织机构重组之后，最迫切需要解决的是变动机构之间的整合与协调问题，这既包括不同组织机构之间的协调也包括组织内部各要素之间的协调。其中，组织内部各要素协调是基础，也是做好组织之间协调的前提。大部门制探索应与政府流程优化相结合。机构调整只是政府职能转变的一时手段，而工作流程优化才是转变政府职能的可持续路径。能否围绕指导协调、安全环保等新兴职能，重新优化部门工作流程，也是影响未来改革进度的重要因素。

国务院组成部门管理的国家行政机构是 1993 年才出现的一种机构类型，一定程度上适应了执行专业化的需要。根据 1997 年《国务院行政机构设置与编制管理条例》，组成部门管理的国家行政机构主管特定业务，行使行政管理职能。就政府组成部门与所管理的国家行政机构来说，政府组成部门决断重大行业的标准制定、规划制定、政策制定，国家行政机构则是从事专门化的执行。但由于有关政策不明确，目前交通运输部与管理的国家局间关系还只是停留在形式上，民航、邮政作为综合运输体系的一部分，“一加一大于二”的效应还没真正体现。如不能按决策权、执行权、监督权既相互制约又相互协调的要求理顺交通运输部与中国民用航空局、邮政局之间的关系，而是继续维持“大部委里套着小部委的双簧把戏”，则显然既有悖于 2008 年大部门体制改革的初衷，也对未来改革的进一步推进极为不利。

（3）支撑配套体系建设。

①人员素质及改革意识。从管理体制运转进程来看，任何管理活动都是人为的控制过程，机构有关管理职能必须依靠人的活动才能实现，而且人员的结构和素质对管理机构运作效率影响至深。由于人是生产力中最具能动性的要素，也是物流管理体制中最活跃的因素，因而机构配备的管理人员素质与结构，直接决定着物流管理的工作效率与水平。物流管理中既有专业技术性很强的技术、经济管理业务，也有一般事务性的工作，同时还有大量的组织协调工作。由于物流行政管理与传统模式下的管理相比，管理职能的重心和管理方式都将发生重大变化和调整，因此如不能尽快扭转现有管理人员的管理理念和改革意识，调整优化管理人员的结构，如专业技术结构、文化层次结构等，并使之适应新的管理需求下的新型运作模式，则十分不利于大部制改革后各内设机构的融合调整，实际改革效果必将大打折扣，甚至起到相反的作用。

②社会舆论及改革决心。从目前社会舆论的整体导向来看，对建立物流的统一管理体制已形成基本共识，这对加速物流管理体制的改革而言是十分有利的。但究竟能否尽快实施相关改革，还要取决于高层领导的改革决心和相关利益各方的实际能力。目前来看，这方面的影响因素并不明朗，趋于中性。

6.5 中国物流管理体制模式

未来，我国强化行业管理职能的综合型物流管理体制可以尝试采用“交通运输主管部门＋行业协会”的管理模式，主要从以下两个方面着手：

（1）将国家对物流的公共管理重点放在运输上，确保运输公共服务职能的实现，交通运输主管部门主要负责解决运输和仓储等相关规划、标准制定、安全管理等问题，促进综合运输和多式联运效率的提升。

（2）充分发挥行业协会的社会管理作用，提升行业自律水平。制定相应的行业法规，设立专门组织机构对违反行业规则的行为进行处罚。进一步增加行业协会微观调节、仲裁的职能，与消费者协会配合，保护消费者权益，规范市场主体行为。

第7章 中国物流管理体制改革配套机制

物流管理体制改革是一项具有历史性意义的艰巨任务。本章在厘清各主管部门职责、明晰我国物流管理体制改革路径的基础上，提出从以下五个方面着手建立完善物流管理体制改革配套机制，即提高体制改革思想认识、完善物流规划体制机制、改革投资及管理机制、健全物流产业监管机制、建立物流信息共享机制。

7.1 提高体制改革思想认识

（1）物流管理体制改革意义重大、任务艰巨，相关部门要提高对体制改革重要性的认识，强化服务意识、大局观念和主动精神，科学谋划、精心组织、周密部署，稳步推进各项改革工作。要紧密结合行业发展实际，加强组织领导，科学分析和论证物流管理体制改革的目标、模式和步骤，制订具体的实施方案。

（2）要参照国内外经验，加快物流发展的法规和制度建设，抓紧推进配套改革，为物流管理体制改革创造条件。要按照实行专业化管理的要求，加强行业的人力资源管理和公务员队伍建设，创新人才选拔机制，为顺利实施物流管理体制改革提供人才保障。

（3）各相关部门要抓住当前改革的有利时机，积极推进物理管理体制改革步伐。条件比较成熟的地区，应积极探索实行更宽泛的大部门体制，为整体推进物流管理体制改革积累经验。要认真研究和解决改革过程中出现的新情况、新问题，加强思想政治工作，正确引导社会舆论，营造良好的改革氛围，确保改革顺利进行。

7.2 完善物流规划体制机制

（1）建立分级规划机制。中央政府负责制定国家物流发展战略规划以及国家级枢纽、物流通道和网络布局规划，促进不同运输方式的顺畅衔接。地方政府根据国家战略和布局规划负责制定本地区物流基础设施建设规划，在城际和城市物流规划衔接方面，加强与中央政府的沟通并发挥更大的作用。项目层面的实体规划要向地方政府下移，充分发挥地方政府在物流发展规划中的作用。

（2）建立物流规划协调机制。一是在经济社会发展总体战略指导下，协调物流发展与土地利用、财政金融、地区发展、能源利用、环境保护的关系，实现物流规划与上述各规划的衔接；二是充分发挥比较优势，协调各种交通运输方式发展；三是协调通道、枢纽、站场、节点的布局规划，促进物流资源综合利用。

7.3 改革投资及其管理机制

（1）明确界定政府在物流发展中的财政支持范围，重点支持公益性较强的物流基础设施建设、维护和运输服务，促进产业结构优化、协调发展中的作用。

（2）拓宽融资渠道，实现投资主体多元化。加强激励机制设计，鼓励民间资本、外资进入物流领域。

（3）建立物流基础设施项目财务风险评估、预警和控制机制，防范政府投资或政府担保投资项目的债务风险。

7.4 健全物流产业监管机制

（1）加强市场监管，特别是对安全、环境、服务质量等方面的监管。安全监管重点是发现建设和运营中存在的隐患，监督企业整改。环境监管重点是防止物流建设、生产、运输、仓储等环节对环境的破坏。物流服务质量监管的重点是保护消费者利益。

（2）加强对物流领域垄断行为的监管，形成公平竞争的市场环境。加强对公路、水路、铁路、民航、邮政、仓储等领域市场秩序的监管。

7.5 建立物流信息共享机制

加快物流服务信息系统建设，各地区建立适应地区发展的物流公共信息平台，打破行业壁垒，实现信息互联互通、资源共享。完善信息公开制度，为社会和市场提供及时、全面的物流信息服务。

附件　国外物流管理体制

导　言

近年来，我国物流业发展取得了长足进步，但仍处于发展的初期阶段，与世界先进技术水平与管理体制相比，还有一定差距。本部分对美国、欧洲、日本物流管理体制、政策法规与发展特色进行研究，以期为我国物流管理体制改革提供理论参考。本部分将仔细思考政府政策和相关结构的演变是如何促进和鼓励这些国家安全高效物流系统的发展的。虽然我国目前的政府监管结构与这些国家不同，但它们的经验可能有助于我国政府未来的决策，这与我国正在大力促进"高效、安全物流业"的发展路径是不谋而合的。

第一部分讲述的是美国运输和物流监管的内容，涵盖自 1978 年以来美国政府优先考虑的三大政策领域：

（1）效率，包括创新和维护公平竞争的市场，以保护托运人免受欺诈，承运人免受拒付；

（2）安全，包括设备标准、安全操作要求和人员许可证；

（3）可持续性，包括排放标准和系统设计。这些政策虽然实现的方式不尽相同，但基本与我国的政策重点相一致。

第二部分讲述的是欧洲对物流管理体制改革的创新实践。由于欧洲没有单一国家政府，虽然欧盟制定总体政策目标并提供种子资金，但每个成员国在执行政策时都以本国国情出发，各有不同。因为欧盟范围内的交通政策相对较新，所以它还需要时间进行充分的完善。欧盟鼓励采用共同标准，发展物流技术、基础设施和流程，但它在很大程度上只是道义劝说行动，而并非颁布对所有成员国都有约束力的法律法规。本部分就该系统在实践中如何工作进行了实例说明。

第三部分讲述的是日本物流管理体制改革的创新实践。本书对日本的发展政策及法律法规进行梳理，重点对其多年来在货运方面发展的成功经验进行分析归纳，特别是在物流统计体系、法律法规、物流管理、物流技术、绿色物流及应急物流六个方面，或许会让读者对我国物流管理体制的创新有所思考。

作者在此衷心希望，美国、欧洲和日本的经验可以为我国提供一些可供借鉴的宝贵经验、教训，以促进物流效率提高和我国物流管理体制改革创新。

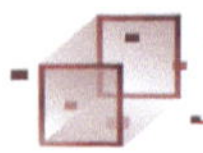

附件 1　美国物流管理体制

一　管理体制

美国政府支持物流业的发展，将加强交通基础设施建设作为推动物流发展的重要政策之一，高度重视多式联运以及交通基础设施的优化运用，实行必要的监管，取消运输公司在进入市场等方面的审批和限制，为企业发展提供公平自由的竞争环境。协会指导物流行业的发展，促进行业规章制度和标准的制定，为会员提供相互交流的机会；与有关高等院校合作，进行物流教育培训，颁发物流培训证书，对物流人员进行从业资格认证。物流企业满足市场的多变性和客户需求的个性化与多样化。美国政府为物流业发展创造了相对宽松的环境，这对美国物流业的快速发展起到了至关重要的作用。美国现代物流业发展形成了政府机构、行业协会、物流企业三位一体的互动模式，如附图 1-1 所示。

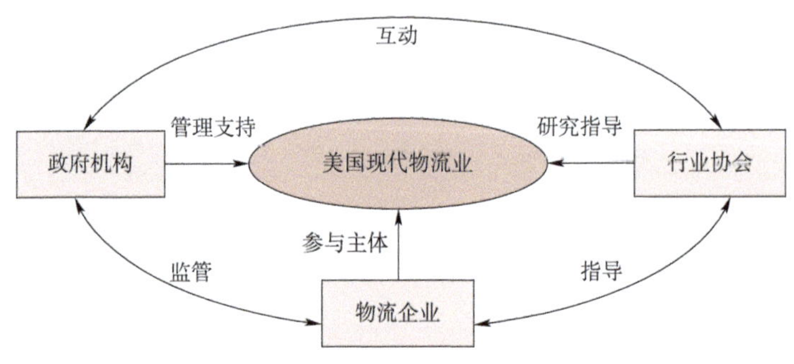

附图 1-1　美国现代物流三位一体的互动模式

从 20 世纪 80 年代开始，美国政府通过制定一系列法规，逐步放宽了对公路、铁路、航空、海运等运输市场的管制，取消了运输公司在市场准入、经营路线、联合承运、合同运输、运输费率、运输代理等多方面的限制，刺激了竞争，降低了运输费率，提高了服务水平，保障了美国现代物流的世界领先地位。

（一）物流管理职能分布

1. 中央管理机构

美国在联邦政府层面并没有某个内阁机构统一管理物流的职责。从政府架构上看，联邦政府于 1967 年 4 月 1 日成立美国运输部，负责管理航空、铁路、联邦公路、海事、公共运输、管线、基础建设以及与美国国防相关的运输设施等。成立运输部的目的是协调和管理联邦运输方案；领导查明和解决交通问题；鼓励联邦、州、部落和地方政府合作实现国家运输目标；促进交通技术进步；制订国家运输政策和方案。美国运输部的成立，将联邦政府 31 个不同的部门的运输责任结合到一个部门。美国运输部的首要任务是确保公众安全，让运输系统为国家的经济增长作出贡献。美国运输部现有的组织机构如附图 1-2 所示，其中部分部门的职能与职责见附表 1-1。

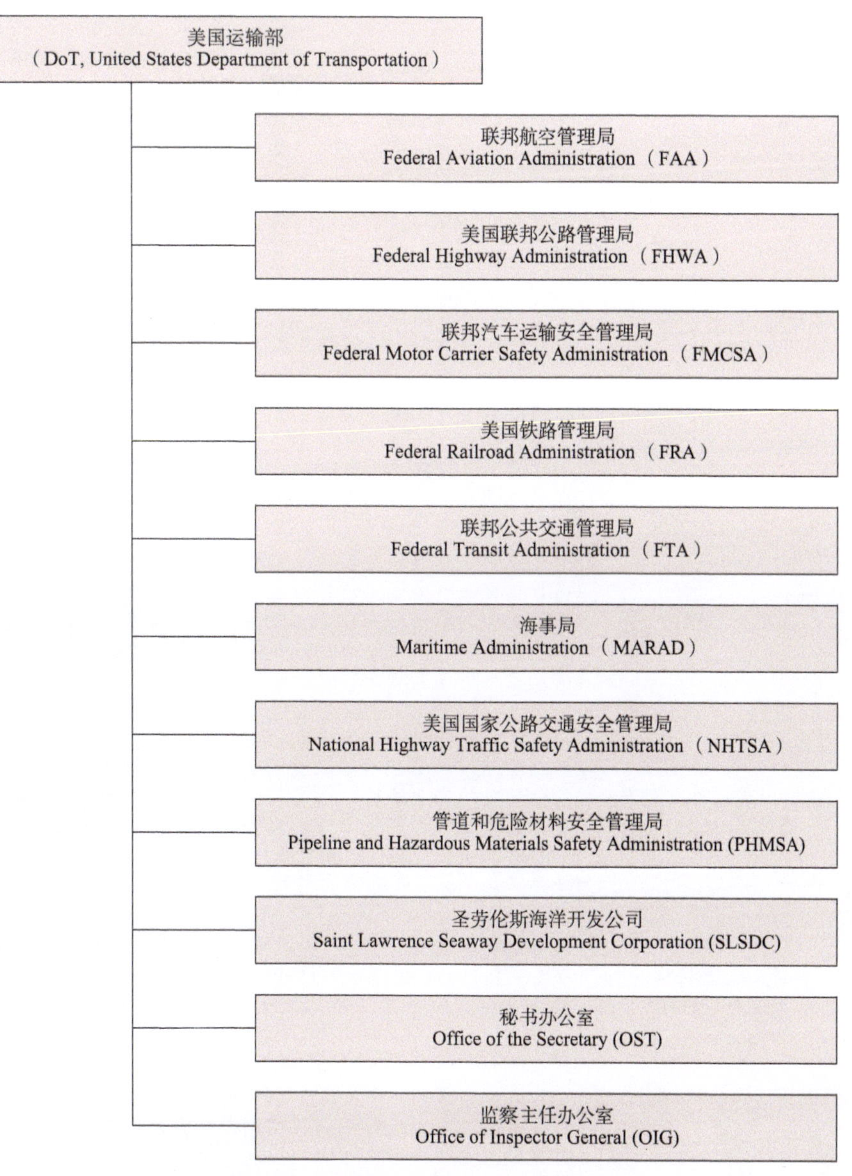

附图 1-2 美国运输部组织机构图

美国运输部部分部门职能职责　　附表 1-1

序号	名　称	职能职责
1	联邦航空管理局（FAA）	监督民用航空的安全。颁布和执行与飞机的制造、操作、认证和维修有关的条例和标准。负责航空人员的评级和认证以及航空公司服务机场的认证。FAA 还规定了一项保护民用航空安全的计划，并根据“危险物资运输法”的规定，对空运货物实行管制
2	美国联邦公路管理局(FHWA)	与州和其他合作伙伴合作协调公路运输项目，以提高国家的安全、经济活力、生活质量和环境。主要项目领域包括联邦援助公路计划，该计划向美国提供联邦财政援助，以建设和改善国家公路系统、城乡道路和桥梁。FHWA 还制订全面的研究、开发和技术计划
3	联邦汽车运输安全管理局 (FMCSA)	联邦汽车运输安全管理局前身是联邦公路管理局的一部分，其主要任务是防止商业机动车造成的相关死亡和伤害。通过严格执行安全法规，针对高风险载体和商用机动车辆驾驶员，确保在电机载体操作中的安全。改进安全信息系统和商用汽车技术；加强商用汽车设备和运营标准
4	美国铁路管理局 (FRA)	负责确保全国铁路安全，雇用安全检查员监测铁路遵守联邦规定的安全标准的情况，包括轨道维护、检查标准和操作惯例。进行研究和开发试验，以评估支持其安全使命的项目，并加强铁路系统作为国家运输资源的作用。FRA 还开展了关于公路 - 铁路等级交叉安全和侵犯铁路财产危险的公共教育运动
5	联邦公共交通管理局(FTA)	协助打造全国城市和社区公共交通系统。通过赠款计划，自由贸易区帮助规划、建造和运营运输系统。在提供财政、技术和规划援助方面，该机构为安全和技术先进的地方交通系统提供领导和资源，同时协助发展减少地方和区域交通的工作
6	海事局 (MARAD)	促进发展和维护足够的、平衡的美国商船，足以运载国内水路贸易和相当一部分水上对外商业，并能够在战争或国家紧急情况下充当海军和军事辅助人员。MARAD 还力求确保美国享有充分的造船和修理服务、高效的港口、有效的多式联运水和陆运系统，以及在国家紧急情况下储备航运能力
7	美国国家公路交通安全管理局 (NHTSA)	制定并执行机动车和设备的安全性能标准，并通过对州和地方政府的赠款，使它们能够实施有效的地方公路安全方案。NHTSA 调查机动车的安全缺陷，制定和执行燃油经济性标准，帮助各州和地方社区减少醉酒驾驶员造成的安全威胁。促进使用安全带、儿童安全座椅和安全气囊，调查里程欺诈行为，制定和执行车辆防盗条例，并提供关于机动车安全主题的消费者信息
8	管道和危险材料安全管理局 (PHMSA)	负责监督美国每天 80 多万件危险材料以及美国 64% 的能源运输安全。PHMSA 致力于制订一个安全、消除危险材料和管道运输中与运输有关的死伤，并促进改善社区和保护自然环境的运输解决方案
9	圣劳伦斯海洋开发公司(SLSDC)	为大湖和大西洋之间商业和非商业船运营和维护一条安全、可靠和高效的水道。SLSDC 在塔德姆与加拿大圣劳伦斯海事局合作，负责监督大湖和圣劳伦斯海的作业安全、船只检查、交通管制和助航设备。SLSDC 对大湖区的经济发展十分重要，它致力于开发贸易机会，使该地区的港口社区、托运人和接受者及相关行业受益

2. 地方管理机构

美国各州在社会事务的管理上有很大的自主权，各州有自己的立法、行政和司法制度。虽然各州的交通运输管理体制各有不同，但整体上看，各州都设有运输厅（委员会），对5种运输方式统一进行管理。各州机构设置模式主要有以下3种：

（1）按不同运输方式设置，即在州运输厅内分设公路处、铁路处、水运处、航空处、公交处等。

（2）按管理流程设置，即在州运输厅内按管理对象所处不同管理阶段设置相应机构，如规划处、设计处、施工处、安全处、营运处等。

（3）混合设置，即按管理流程和按运输方式设置的机构并存，对各种运输方式实行交叉管理，如设有公路处、航空处、公交处、规划处、行政处等，公路由公路处、规划处交叉管理。

3. 物流行业协会

美国自发非营利性的行业协会会协助政府制定政策，使行业受益，并为政府更大的公共政策目标服务。私人行业协会虽然不隶属于政府，但自美国建国以来一直在制定公共政策方面发挥着主导作用。在当今的运输和物流行业中，有许多国家级和州级的行业协会，这些行业协会通常是围绕它们应该服务的行业而组织的。托运人、各种模式的承运人、港务局和码头经营者、当地装运公司、拥有个人货车的货车驾驶员、家用货物承运人和货代、供应链专家、仓库经营者和许多其他人都有自己的行业协会，方便与政府打交道时追求他们的集体利益。

（1）美国运输与物流协会（American Society of Transportation and Logistics，简称AST&L）成立于1946年，总部设在华盛顿D.C.。作为美国最早开设运输与物流培训和认证的专业机构，AST&L旨在确保和推广运输、物流和供应链管理领域的高标准职业化教育，其使命是推动运输、物流和供应链管理相关领域的教育和认证。AST&L的会员包括运输商、承运商、教育机构、咨询机构、第三方物流服务提供商等。2015年5月5日，美国生产与库存管理协会（American Production and Inventory Control Society，简称APICS）和AST&L合并，合并以多种方式使成员、客户、合作伙伴和供应链社区受益。新协会将APICS的生产和库存管理认证（CPIM）、认证供应链专业（CSCP）、供应链操作参考（SCOR）框架、SCOR专业（SCOR-P）品牌与AST&L的三大认证，包括运输和物流认证（CTL）结合在一起，确保运输和物流内容的投资、改进和持续相关性。

（2）美国供应链管理专业协会（Council of Supply Chain Management Professionals，简称CSCMP）是一个全球性的供应链管理专业人员协会，致力于通过连接、发展和教育世界上的物流和供应链管理专业人员，开发、推进和传播供应链知识，指导供应链管理行业不断发展。CSCMP 成员遍布世界各地，来自供应链管理专业的所有学科，有着丰富的前沿研究以及在线和现场专业教育经验，近 70% 的 CSCMP 成员还是执行级的关键决策者。CSCMP 成员代表广泛的供应链管理行业，包括咨询、需求规划、金融、物流和运输、制造业务、采购、房地产、销售和营销、技术、第三方物流服务和仓储等。

（3）美国快递与物流协会（Express Delivery & Logistics Association，简称 EDLA）代表航空快递和快递业的利益，它向立法和监管官员传达立场，组织论坛交流有关航空快递业内部趋势和发展的信息，推进航空快递服务的应用。2019 年 1 月 28 日，快递与物流协会和定制物流与配送协会（Customized Logistics and Delivery Association，简称 CLDA）合并，合并后的协会能够更好地与航空货运业的大型托运人合作，提高协会成员的物流供应链的知识和能力。CLDA 有大约 3500 名成员，包括后勤专业人员、承运人和托运人、驾驶员、第三方物流服务提供商和供应商。

（4）美国卡车运输协会 (American Trucking Association，简称 ATA)❶。ATA 于 1933 年成立，是货车运输行业最大的全国性行业协会。超过 3.7 万名 ATA 会员均来自美国货车运输业。会员资格通过理事会开放给出租汽车承运人、私人承运人、行业供应商和联盟公司、托运人，以及个人专业人士。

（5）车主 - 运营者独立司机协会 (Owner Operator Independent Drivers Association，简称 OOIDA)❷ 于 1973 年成立，代表职业驾驶员，致力于影响州和联邦有关货车运输行业的立法。车主 - 运营者独立司机协会的使命是为业主经营者、小型车队和专业货车驾驶员提供服务；为货车驾驶员得到平等和公平待遇的商业环境工作；促进所有公路使用者的公路安全和责任感；为所有货车运营者创造更好的商业环境和效率。

（6）美国铁路协会 (Association of American Railroads，简称 AAR)❸ 于 1934 年成立，是世界领先的铁路政策、研究、标准制定和技术组织，专注于美国货运铁路行业的安全和生产力。AAR 的正式成员包括美国、加拿大和墨西哥的主要货运铁路公司以及美国铁路公司。

（7）美国港务局协会 (American Association of Port Authorities，简称 AAPA)❹ 是一个贸易协会，成立于 1912 年，代表了包括美国、加拿大、加勒比海和拉丁美洲 130 多个港务局。一个多世纪以来，AAPA 的成员资格使港务局及其海运业合作伙伴有能力为全球客户服务，并为其社区创造经济和社会价值。

（8）美国零售联合会 (National Retail Federation，简称 NRF)❺ 于 1911 年成立，

❶ 资料来源：https://www.trucking.org/。

❷ 资料来源：https://www.ooida.com/。

❸ 资料来源：https://www.aar.org/。

❹ 资料来源：https://www.aapa-ports.org/。

❺ 资料来源：https://nrf.com/。

是世界上最大的零售贸易协会。其成员包括百货公司、专卖店、折扣店、目录商店、互联网和独立零售商、连锁餐厅、杂货店和多层次营销公司。NRF 代表了美国最大的私营工业，拥有超过 380 万家零售企业，支持 5200 多万名雇员，每年对 GDP 的贡献为 2.6 万亿美元。

（9）美国商会（American Chamber of Commerce，简称 ACC）❶ 是世界上最大的商业组织，代表着各个经济部门各种规模的公司。ACC 的会员从美国主要街道上的小企业和地方商会到主要行业协会和大公司均有涉及。他们主张采取有利于商业的政策，创造就业机会，促进经济增长。重点关注问题包括从明智的税收政策和监管救济到法律改革和贸易促进。

（10）北美多式联运协会 (Intermodal Association of North America，简称 IANA)❷ 是唯一代表联运货运业联合利益的组织，其使命是通过创新、教育和对话促进有效的多式联运货运增长。

（11）美国水路运营者协会 (American Waterways Operators，简称 AWO)❸ 是美国拖船、拖轮和驳船行业的全国倡导者。拖船和驳船是美国最安全、最环保、最经济的货运工具。AWO 成员在美国的河流、海岸、五大湖和港口活动，安全运送重要商品，减少空气排放、水污染和高速公路拥堵，保护国土安全，并为数以万计的美国人提供了可养家糊口的工作。60 多年来，AWO 一直致力于促进该行业的长期经济稳健性，并致力于提高其提供安全、高效和环保运输的能力。

（12）运输中介协会（Transport Intermediaries Association，简称 TIA）以各种模式服务于非资产型的第三方物流公司，包括国内和国际的。它成立于放松管制的早期，大约有 15 家公司是协会成员。目前，美国有 1500 多家成员公司处理 65%~70% 的业务。政府依靠运输中介协会等行业协会为其决策提供信息，并收集受其法律法规影响的群体的意见。随着该行业的发展，这一职能变得越来越重要，无论是对该行业的公司还是对负有监督责任的监管机构来说都是如此。

（二）政府运输绩效评估

运输决策者需要了解国家货运系统的运行情况，以制订支持高效货运的最佳政策、计划和投资。《迈向 21 世纪前进法案》（MAP-21）和《修复美国地面运输法案》（FAST）要求美国交通部在若干领域内制订绩效评估方案，包括估测州际公路系统的货运量。美国联邦公路管理局（FHWA）货运管理和运营处负责管理货运绩效评估要求，并提供其他

❶ 资料来源：https://www.uschamber.com/。

❷ 资料来源：https://www.intermodal.org/。

❸ 资料来源：https://www.americanwaterways.com/。

模式的货运数据，包括海事数据、管道数据、铁路数据、航空数据和过境数据。货车数据是最可靠和最公开的信息，有助于人们了解货物如何运输以及支持全面的货运分析。

1. 货运绩效评估（FPM）计划

自2002年以来，美国联邦公路管理局一直与美国交通运输研究所（ATRI）密切合作，指导货运绩效评估（FPM）计划，评估公路系统的有效性，以促进快速、高效的货物运输。该计划的绩效评估依据美国交通运输研究所提供的来源于行业合作伙伴的实时货运车辆数据而生成。美国交通运输研究所的货车全球定位系统数据库目前包含了跨度10年以上超过50万辆独特交通工具的数十亿个货车数据点。这些数据包括时间、位置、速度和匿名唯一身份信息，供美国交通运输研究所研究人员用于产生以下信息：

①大型运输网络（如州际公路系统）上货车运输的平均速度、行驶时间和可靠性。

②公路瓶颈、城市拥堵和局部系统缺陷的量化和排序。

③美国/加拿大重要货运过境点的过境时间和延误统计。

④描述全美货车路线和公路设施需求的信息。

⑤协助开发匿名的始发地和目的地卡车旅行模型和表格。

2. 商品流量调查（CFS）

商品流量调查（CFS）由美国人口普查局与美国交通部运输统计局合作开展，是每5年一次的经济普查内容的一部分。2017年商品流量调查是自1993开始的项目中最新的一次调查。商品流量调查是一项关于托运人的调查，在来自采矿、制造、批发贸易、辅助设备（即仓库和配送中心）等行业的大约10万家机构中，选择了有运输商品业务的零售和服务贸易行业进行调查。商品流量调查要求的数据包括装运的商品类型、原产地和目的地、价值和质量以及运输方式。CFS展示了一副美国货运流量的综合多式联运图，代表了公路模式唯一可公开获取的数据来源。商品流量调查的结果用于分析货物流动的趋势、绘制货物和车辆流动的空间格局，预测货物流动的需求，并指导运输基础设施的管理和投资决策。美国联邦公路管理局货运分析框架（FAF）的输入数据就是商品流量调查数据。

货运分析框架（FAF）由美国运输统计局（BTS）和美国联邦公路管理局联合制定，它整合了各种来源的数据，全面展示了所有运输方式在各州和主要大都市地区之间的货运活动。自有了2012年《商品流量调查》（CFS）的数据和美国人口普查局的国际贸易数据开始，货运分析框架陆续吸纳了农业、采掘、公用事业、建筑、服务和其他部门的数据。

货运分析框架第4版（FAF4）对按来源地和目的地、商品类型和方式划分的吨位（千吨）、价值（百万美元）和吨英里（百万美元）作出估算。其中，2012年为基准年；2013—2018年为最近几年；2020—2045年为预测年，间隔5年；1997—2007年为历史年，间隔5年。

二 政策法规

（一）发展政策

美国推崇自由经济，经济运行很少受到政府的行政干预。20 世纪，随着市场经济的深入发展，美国物流业迎来了快速发展的机遇，但由于物价上升，大仓库、大库存的方案遇到了挑战，引起了美国物流业的反思，人们对美国的物流系统进行了大规模、全方位的改良和完善。政府加大了对物流业发展的支持力度，制定了许多优惠政策，放宽了对物流运输的约束，取消了一些运输环节所需要的冗杂的审批工作和制度束缚，通过激励性的优惠政策鼓励企业竞争，从而提升运输效率，进一步降低成本。美国 20 世纪推行的重大物流政策见附表 1-2。

20 世纪美国重大物流政策 附表 1-2

时　间	政　策
20 世纪 60 年代	《航空规制缓和条例》
20 世纪 80 年代	《汽车承运人规章制度改革和现代化法案》
	《琼斯塔格斯铁路法》
	去除或修改了《航运条款》中不利于市场竞争的因素
20 世纪 90 年代	《多式联运法》
	《协议费率法》
	《机场航空通道改善法》
	《卡车运输行业规章制度改革方案》
	《1998 航运改革法》

（二）法律法规

作为成熟的法治国家，美国健全的法律制度为物流管理奠定了坚实的基础。美国立法机构在物流业管理中占有一席重要地位，它是总运输政策的颁布者、物流各管制机构的设立者和授权者，它们和州际相应机构一起，构成了美国物流市场的管理体系。美国大部分物流所涉及的业务是根据所签订的正规贸易合同进行的。在这种合同下出现的任何问题，都可由联邦法院根据相关法律条款从法的高度来解决，就像处理私人商业纠纷一样。所有货物的承运人必须遵守有关操作人员和运输工具安全的法律。如果要运输危险货物或有害货物，那么必须遵守联邦法规安全规则中有关包装和运输标志的安全规则。

美国的立法体系由宪法、国会的法律、司法判例、政府执行的行政法规和部颁行政规章组成。美国的公路交通法规体系主要包括公路法系统和运输法系统，两个系统的法规分别汇编于《美国法典：23 公路》《联邦规章：23》《美国法典：49 运输》和《联邦规章：49》。美国于 1940 年制定了《运输法》，该法律全面阐述了国家对交通运输的政策；1967 年通过《运输部法》成立了专门的运输部；到 1980 年将“鼓励和促进综合联运”作为国家的运输政策写进《运输法》。美国的水运交通法规体系包括贸易运输法系统、船舶法系统、船员法系统、航道法系统、港口法系统、海上安全法系统和海事审判法系统。继第一部比较完整的航运法规——《1916 年航运法》后，美国先后出台了《1920 年航运法》《1936 年商船法》《商船销售法》《1954 年货载优先法》《1970 年商船法》和《1998 年远洋航运改革法》等法律，这些法律都体现了美国奉行的航运保护性、扩张性政策。

美国的立法模式是依据物流服务提供对象的不同，制定适用于不同物流业务环节的各种法律，要求物流服务在不同的营运范畴内遵循对应的法律法规，以对物流业进行管制。美国物流行业人员目前主要依照其服务内容的不同，遵循不同法律条款。例如，《美国法典》中 TITLE49 的运输法和联邦法规汇编中的 TITLE49 法案适用于在美国从事铁路、公路、航空以及内河运输的物流服务；而从事海上运输则必须遵守《美国法典》中 TITLE46 的航运法和联邦法规汇编中的 TITLE46 法案。

从 20 世纪 80 年代起，美国的运输结构发生了根本性的变化，通过了《机动车辆运输法修正案》《地区运输补助法》《汽车承运人规章制度改革和现代化法案》《斯泰格斯铁路法》等，这些法规的出台形成了一种运输改革的环境。20 世纪 90 年代又相继通过了《多式联运法》《协议费率法》《机场航空通道改善法》和《卡车运输行业规章制度改革法案》，并修改了《1984 年航运法》，推出了《1998 年航运改革法》。这些法律上的改革促进了美国综合运输的发展，在某种程度上都减少了国家对运输业的约束和控制，推动运输业更接近“自由市场的体系”，从而有效地将物流业融于市场经济体系中。值得一提的是，作为物流的一项重要内容和推动运输物流发展的政府政策，美国运输部曾经提出了《美国运输部 1997—2002 财政年度战略规划》。在提出此规划时曾指出，这个规划反映了克林顿政府长期持有的主张：运输不再只是适应水泥、沥青和钢铁，最大的挑战是建立一个以国际为所及范围、以多种运输方式的联合运输为形式、以智能为特征，并将自然包含在内的运输系统。

（三）战略规划

近年来，美国运输部也制订了一系列发展政策与计划来指引物流行业的发展方向。

（1）国家货运战略计划（National Freight Strategic Plan，简称 NFSP）旨在明确

货物运输系统及其未来的需求，包括确定系统的主要走廊和网关；评估系统基础设施、体制和财政瓶颈；提出完善系统的具体举措。NFSP 的重点是提出建设货物安全、高效流动的基础设施、管理体制以及解决财政瓶颈的办法和战略。NFSP 还提供了许多已实施的改进货运规划和投资的成功方案，以及一些包括“货运分析框架”“每日计票方案”和“国家业绩管理研究数据集”的经典案例。NFSP 还强调了通过改进规划、专门资金流和创新技术帮助支持货运系统的战略。

（2）美国运输部研究、开发和技术 (RD&T) 五年战略计划（DOT Five-Year Strategic Plan）介绍了美国运输部未来 5 年的研究重点，并描述了部门为解决这些优先事项而开展的活动。该文件制订了一个五年行动计划，以应对国家运输系统当前和未来的发展趋势。“RD&T 战略计划”符合“美国地面运输法”的法定要求。

（3）美国运输部 2018—2022 财政年度战略计划（U.S Department of Transportation Strategic Plan for FY 2018—2022）确定了美国运输部 2018—2022 财政年度的战略计划和目标，提出了机构在行政当局每一个新任期开始时希望实现的总体和长期目标，以及将采取哪些行动来实现这些目标，如何最有效地利用其资源来应对可能妨碍实现目标的挑战和风险。这份计划对美国运输部的主要职能和业务的总体、结果导向、长期目标进行了说明，反映美国运输部正在努力实现的成果，并与业绩目标和指标挂钩。在每个财政年度结束时，美国运输部发布一份年度业绩报告，评估在实现这些绩效目标方面的工作。

三 基于美国经验的借鉴

运输系统的完善、放松管制和多式联运这三个相互关联的因素，重塑了美国过去 30 年的交通企业和交通系统，使美国交通运输业保持了较高的生产率和技术创新。这为我国货运物流的发展提供了许多值得借鉴的经验。

（一）监管改革

根据特朗普总统的第 13777 号行政命令，美国运输部成立了监管改革工作队（Regulatory Reform Task Force，简称 RRTF），其主要职责是监督改革倡议和政策的执行情况，以确保机构按照适用的法律有效地进行监管改革。美国运输部的 RRTF 由两个分支组成：工作组和领导委员会。工作组与秘书办公室 (OST) 和交通运输部业务管理部门 (OAs) 的领导层协调，对放松管制行动进行审查并提出建议。工作组向领导委员会提出建议，而领导委员会又向秘书提出建议。此框架允许 RRTF 有效地确定、评估和执行总统的监管改革议程。

RRTF 的首要任务是编制并提交《联邦监管和解除监管行动统一议程》。该议程每

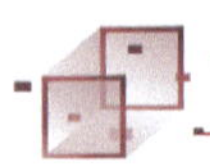

年汇编两次，将每个联邦实体的监管议程综合为一个全政府计划。该议程的重点是减轻不必要的负担，刺激经济活力和鼓励创新，主要工作内容是评估美国国家组织和具有监管权力的工作组与秘书办公室、工作组与秘书办公室领导层可能放松管制的行动，并将继续致力于与美国国家组织和工作组与秘书办公室合作，找出减轻监管负担的其他方法。此外，该工作队还将每月与美国运输部业务管理部门和工作组与秘书办公室举行会议，以监测现有放松管制举措的进展情况，并继续为今后的行动提出建议。

（二）放松管制

美国货运铁路行业的经济状况到 20 世纪 70 年代已接近崩溃。由于收入不足，铁路无法相应维护其网络，交通量的减少和运输方式竞争的加剧，导致铁路出现重大财务问题。20 世纪 70 年代中期，这些情况产生了政治压力，要求放松管制，恢复运输业的总体竞争。而放松管制过程比较缓慢，放松管制进程的第一阶段是通过这些立法进行的，这些法案的目的是促进运输服务提供者之间的竞争。

1. 航空放松管制

商业航空是美国第一个放松管制的运输方式。航空业的经济放松管制分为两个阶段：1977 年的《航空货运放松管制法案》和 1978 年的《航空公司放松管制法案》。这两项法案取消了对客运和货运航空公司的经济管制。

在没有航线限制的情况下，客运航空公司和全货运航空公司都在人口密度高的城市整合航班，并将其发展成为主要的枢纽。航空公司减少或终止飞往利润较低的城市的航班，并采用中心辐射型模式来提高效率。

航空客运与航空货运密切相关，几乎一半的空运货物都是通过客机腹舱室来运输的。1978 年航空公司放松管制后，航空公司调整了客运业务和航线，这一举措影响了货仓载货能力。同时，大多数在放松管制前经营全货机的客运航空公司卖掉其机队，将货运业务限制于腹仓。航空货运业的放松管制也对货运代理业和快递业产生了巨大影响。

2. 铁路放松管制

货运铁路的自由市场条件被认为是提高其竞争力的关键，这就要求取代或者废除 1887 年的《州际商业法》（Interstate Commerce Act）。《美国联邦铁路管理条例》就是在该法的基础上制定的，至今已有近一个世纪的历史。1976 年的《铁路振兴与监管改革法（4R 法）》确立了行业监管改革铁路的基本框架，这给予了铁路在定价和服务安排上更多的自由。1980 年《斯塔格斯铁路法》全面放松了对货运铁路的管制。

《斯塔格斯铁路法》所包含的最重要的变革机制或许是对长期服务合同的明确制裁。在该法案通过后的大约 3 年内，合同从铁路总收入的零增长到增长一半以上，成为铁路经营的最重要方式。自《斯塔格斯铁路法》实施以来，经通货膨胀调整后的运费已下降

44%，每年为铁路客户节省了数十亿美元的物流支出。另一方面，由于竞争环境，铁路不得不将其生产率增长的最大一部分转移出去。

3. 公路放松管制

从 1962 年开始，美国总统支持放松对货车运输业的管制，但并没有获得足够的政治支持来引发变革。20 世纪 70 年代中期，在福特政府和卡特政府的支持下，州际商会开始重新评估其在汽车运输监管方面的地位，被禁止进入受监管市场的小型货运公司（特别是业主运营商）和托运人支持放松监管，以美国卡车运输协会（ATA）为代表的货车运输业积极反对监管改革。

1980 年的《汽车承运人法》（MCA）通常被称为“放松管制”，尽管州际商会在 1995 年废除该法之前一直对该行业保持监管管辖权。然而，它大大减少了对汽车运输业的联邦监管，消除了几乎所有州际货运业务的经济监管。在 1994 年联邦政府取代州卡车运输条例（本文稍后讨论）之前，各州继续管理州内货车运输（始发地和目的地在同一州）。

4. 货运代理放松管制

美国物流行业中，经纪公司和货运代理都属于运输中介。经纪公司一般不处理货运，也不承担货物遗失和损坏的法律责任。他们代表托运公司安排汽车运输公司将货物从原产地运到目的地。另一方面，货运代理通常将小批量的货物组装成大件货物，然后招标给汽车运输公司，并确保交货时将大件货物拆解成小件。货运代理公司在履行这些职能时可以实际占有货物。货运代理可以被视为运输公司，他们签发提单并对货物的遗失和损坏承担责任。

1995 年《州际商会终止法》恢复了联邦对货运代理的管辖权，并要求货运代理向美国交通部注册。这种逆转的原因是，没有联邦许可证要求，保险要求很难监督和执行。货运代理公司被要求必须同时投保货物保险和第三方责任险（就其经营车辆而言）。

1999 年的《汽车运输安全改进法案》要求在美国交通部的领导下成立了联邦汽车运输安全管理局，并赋予其对经纪公司和货运代理的管辖权。联邦汽车运输安全管理局向所有被认为“健康、有意向和有能力”的申请人颁发许可证。

随着《安全、可承担、灵活、高效、公平运输法案》（SAFETEA-LU）在 2005 年获得通过，许可证要求被修改。为了满足财务责任的要求，经纪公司需要维持并向金融市场监管局提交金额为 1 万美元的担保债券或信托基金——州际商会先前规定的一种结转，旨在保护汽车运输公司免受经纪公司不付款的影响，并保护托运公司在向经纪公司付款但经纪公司未向运输公司付款的情况下免受双重付款。

2013 年，《迈向 21 世纪前进法案》（MAP-21）修订了签发经纪公司和货运代理许可证的财务安全要求，增加了对经纪公司和货运代理提供 7.5 万美元担保债券或信托基金的要求，并继续要求运营车辆的货运代理（例如，用于本地提货或最后一英里交货）投保第三方责任险。联邦汽车运输安全管理局在 2011 年取消了对货运代理（和汽车运输公司）的货物保险要求，尽管他们中的大多数人继续持有至少 10 万美元的此类保险，以满足托运公司的商业要求。

5. 放松管制的积极影响

运输业的监管改革无疑对运输公司效率产生了直接影响。这些发展表明，放松管制可以促进进一步的创新。M·A·阿德尔曼（麻省理工学院经济学家）指出，“强大的竞争使创新成为盈利的必要条件。”“竞争加剧加上运营自由，推动了营销、运营和技术方面的创新，使运营商能够提高效率，提高服务质量，并推出新的服务。”这些都是源自改革的一些重大发展。美国采取放松管制政策带动运输业本身发展的同时，进一步刺激了物流业的发展，主要表现在以下几个方面：

（1）快递业的发展。

在放松管制之前，快递业为信件、文件和其他小包裹提供隔夜服务。放松管制允许出现一种新的运输公司类别，即综合货运公司或集成商，由集成商将道路运输、货运代理和航空运输的所有运营结合起来。

美国最大的集成商是位于孟菲斯的联邦快递。联邦快递是由弗雷德·史密斯于 1973 年创立的，当时他利用监管豁免，使用载货能力低于民航局限制的 7500 磅（约合 3400kg）限制的小型飞机进行运输。这使得联邦快递可以不受民航局进入、路线和费率限制，但却限制了联邦快递只能使用小型飞机，即使大型飞机效率更高。

放松管制使得联邦快递可以改用更大的飞机来提高效率。联合包裹服务公司（UPS）已经在全国范围内建立了小包裹递送卡车和终端系统，并购买了飞机，以便在快递业中进行竞争。随着 1994 年联邦航空管理局授权法案（FAAA 法案）的通过，联邦快递和 UPS 也成功地推动了州内卡车运输的放松管制。

自放松管制以来，联邦快递和 UPS 都经历了持续增长。如果没有快递业，电子商务行业肯定不会有今天的繁荣发展。

（2）航空货运代理业的发展。

根据民用航空委员会法规，航空货运代理在行业中的作用有限。它们的主要职能是在机场半径 25mile[1] 的范围内提取和运送货物，利用较低费率的优势将小规模货物合并成较大的货物，从而推销航空货运服务。货运代理被禁止经营自己的飞机或提供超过 25mile 半径的地面运输。

由于对航空货运和汽车运输公司管制的放松，一些大型航空货运代理公司开始在类似客运航空公司的枢纽辐射网络中经营自己的货机。以前的货运代理如 Airborne、Emery 和 Purolator（均被大型集成商收购）都运营着自己的货机机队。

[1] 1mile 约合 1.61km。

管制的放松还使货运代理公司能够更自由地经营地面运输，从而将地面运输与航空运输结合起来。这些货运代理公司现在可以为托运公司提供空运或地面运输，这取决于哪种运输方式最适合它们的需要。

（3）合同运输的增长。

在放松管制之前，运输公司和托运公司之间的业务活动主要是在交易或货到货的基础上进行的。经济监管极大地限制了货运公司与托运公司签订合同的能力。限制汽车运输公司订约的理由基本上是为了保护普通运输公司和防止运输公司对托运公司的歧视。1980 年的《汽车承运人法》和随后的州际商会裁决放宽了对合同的要求和限制。随着电子数据交换和即时（Just in Time，简称 JIT）生产和库存管理等新技术和流程的发展，汽车运输公司被赋予经营和定价的自由，鼓励运输公司和托运公司形成更密切、更长期和更相互依存的关系。

根据州际商会的数据，1980—1990 年，合同汽车运输的增长情况为：1980 年根据合同产生的第一类汽车运输收入占总收入的比例为 4.1%，1985 年为 8.0%，到 1990 年达 12.4%。在 1980 年，只有大约三分之一的州际商会授权的汽车运输公司拥有合同权力，到 1992 年，这一数字已跃升至 78% 左右。

1994 年《谈判费率法》（NRA）进一步界定了汽车运输公司合同的法律形式。这些长期合同是运输公司和托运公司之间新的关系的基础，现在被称为供应链伙伴关系。

（4）非资产型第三方物流业的成长。

根据州际商会的规定，只有合同运输公司才能根据合同向托运公司提供运输服务。在放松管制之后，货运经纪人作为托运人和运输公司的中间人出现，以应对日益复杂的运输管理。这些经纪人允许托运人将货物装在货车上（否则货车将空无一人地返回），并允许货车运输公司有效地部署运力以满足需求。

1982 年州际商会的一项裁决极大地扩大了货运经纪公司的作用，导致了第三方物流业的发展。在被称为 Dixie Midwest2 的案件中，就谁可以成为合格的合同托运公司作出了澄清。州际商会裁定，“选择承运公司并控制运输路线的公司将被推定为托运公司……在许多实际控制运输的情况下，中间方被认为是适当的合同‘托运公司’。”这一裁决考虑了经纪公司与汽车运输公司的合同情况，以及伴随的共同运输和合同运输的区别的消除，为今天经纪公司与运输公司运输的合同订立奠定了基础，而托运公司、经纪公司、运输公司这三方关系决定了第三方物流业。

（5）多式联运系统。

自 20 世纪 30 年代以来，美国就有了联运，使用轨道车长途运输货车和拖车，但联运集装箱的使用直到 20 世纪 80 年代中期才开始普及。在铁路上使用双层集装箱的联运货运系统的发展是一项重大物流创新，它改变了美国境内的货运方式，而放松管制使之成为可能。铁路双层集装箱受海洋运输船的需求推动，为运往美国东海岸市场的跨太平洋货物提供快速且成本划算的服务。

1980 年的《斯塔格斯法》使铁路公司可以更加灵活地适应市场需求。直到《斯塔格斯法》通过后不久，多式联运服务不受州际商会条例的约束后，才允许用国际集装箱运回国内货物。管制改革后允许铁路公司和海运公司签订长期合同。1984 年的《海洋运输法》允许海运公司在单一直达提单上进行内陆配送。

双层列车采用特殊设计的轨道车，可以运载两层集装箱，而不是一层集装箱，显著提高了效率，降低了传统联运列车移动同等有效载荷所需的机车功率、轨道容量和列车乘务员数量。

1984 年，美国总统轮船有限公司（APL）和联合太平洋铁路公司（Union Pacific Railway）制订了一种联运解决方案。与通过巴拿马运河到纽约的全水运服务相比，该方案具有 10 天的服务优势，而且只需要一张提单。同年，第一条从洛杉矶发往南肯尼新泽西的全双层列车开通。

（6）即时生产和物流管理。

即时生产起源于 20 世纪 60 年代和 70 年代的日本。即时生产背后的主要理念是消除浪费，特别是消除多余的库存。在 20 世纪 80 年代，许多美国企业采用即时制造，并利用其他物流管理策略和技术来减少库存。即时生产要求更为频繁的装运、小批量、准时交货，这给货运业带来了沉重的负担。

放松管制使该行业能够根据客户需求定制服务。企业利用库存成本和运输成本之间的平衡来降低整体物流支出。较低运价和更好的服务产生的结果是运输支出取代了库存支出。国家物流支出构成因素分析表明，企业倾向于使用更多的运输来降低库存成本。

如果不放松监管，美国运输业就无法满足即时要求。没有经营自由和市场竞争，任何创新的物流管理实践也不会得到发展。

附件 2　欧洲物流管理体制

一 管理体制

1. 欧洲联盟委员会

欧盟委员会是欧盟的主要机构，代表和维护整个欧盟的利益。它起草新的欧洲法律提案，并管理政策执行和资金支出。欧盟委员会将其活动划分为几个总局（DG）。但值得注意的是，2001—2010 年，运输和能源都在运输和能源总局（DGTREN）管理范围内。2010 年，运输和能源总局（DGTREN）被分化成欧盟运输总局（DGMOVE）和能源总局（DGENER）。

从 2002 年开始，运输部门在欧盟委员会的支持下成立了专门的欧盟机构，这些机构在确保运输行业自由化的同时，还要确保统一高水准的安全水平和公平的竞争环境。作为第二个铁路货运自由化一揽子计划的一部分，成立了欧洲铁路局（ERA），并成立了欧洲海事安全局（EMSA）和欧洲航空安全局（EASA）。这些机构在采取行动确保在交通部门自由化的同时，确保高度统一的安全水平和公平的竞争环境。

欧洲国家大多在中央政府交通运输主管部门内设立了物流政策协调机构。以德国为例，德国是联邦制国家，国家政体为议会共和制，分为联邦、州和地方三级管理。全国划分为 16 个拥有自己宪法和主权的独立的联邦州。联邦德国中央政府机构的设置包括内阁机构、联邦总理办事机构和联邦政府各部 3 种类型，分别隶属于联邦政府、州政府、市政府，彼此间并无直接的上下级关系。1949—1998 年，中央层面交通运输主管部门为联邦交通运输部；在 1998 年更名为“联邦交通、建筑及住宅部”；2005 年更名为“联邦交通、建筑及都市事务部”；2015 年更名为“联邦交通与数字化基础设施部”，并沿用至今。联邦交通与数字化基础设施部主要负责德国公路、铁路、水路和航空以及数字化基础设施建设等方面的工作。

联邦交通和数字基础设施部的执行小组由 3 个单位组成：联邦部长、议会国务秘书和常任国务秘书。联邦部长协调并对该部的工作负责，该部共包括 63 个执行机构。部长在工作中有 2 名议会国务秘书和 2 名常任秘书的支持，这 4 名高级工作人员协助担任新闻部和政府成员的职务。

联邦交通和数字基础设施部的组织机构如附图 2-1 所示，其中联邦交通和数字基础设施部各部门职能职责见附表 2-1。

另外，1949 年，联邦交通和数字基础设施部成立了一个专家小组——部长学术顾问委员会（The Board of Academic Advisers to the Federal Minister of Transport and Digital Infrastructure），以便向联邦运输部部长提供咨询建议，并协助提供科学调查结果，供运输政策制定和其他技术工作使用。部长学术顾问委员会的重点服务对象是运输部门，自 2013 年以来，数字化议题一直属于联邦运输和数字基础设施部及其执行机构的职责范围，它对运输决策者提出了一些新的挑战，并日益发挥重要的作用，这也是学术顾问委员会研究讨论的重要议题。

2. 物流行业协会

近年来，欧洲物流行业协会迅速发展并逐步扩大影响力，他们积极拓展欧洲业务，并将业务延伸至世界各地。例如，欧洲颇具影响力的运输与物流业组织——欧洲货代组织，成员众多，包含了当今世界上 9 个最大的货运代理企业及物流企业，即 GeoLogistics、

Danzas、Daehser、Exel、Geodis、ABX、Kuehne & Nagel、Panalpina 和 Schenker，成员内部全面采用 IT（Internet Technology，互联网技术）进行管理，工作重点是向欧盟委员会提交该行业的相关建议，要求欧盟在交通运输政策“白皮书”中反映出欧洲交通运输行业尤其是物流业的利益，以及运用先进的经营管理手段维护客户的利益，巩固与客户的合作关系。

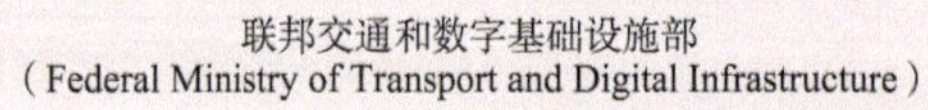

附图 2-1　联邦交通和数字基础设施部组织机构图

联邦交通和数字基础设施部各部门职能职责　　附表 2-1

序号	名　称	职能职责
1	政治工作人员和通信司	直接向部长报告并协助部长的政治事务，负责在战略上规划和协调政治项目，并与政府联盟领导人、其他部委、德国联邦议院、联邦议院、协会和国际一级的机构合作
2	中央服务司	执行该部及其执行机构的行政职能，负责预算、人力资源和法律事务。该司是交通运输部的资源管理中心，同时是柏林和波恩办事处的内部服务提供者。此外，还行使分配给联邦运输和数字基础设施部的联邦储备的所有权权利
3	联邦干线公路管理司	负责维护联邦政府负责的公路网的结构完整性，包括大约 12800km 的联邦高速公路和大约 40000km 的联邦公路。目前，重点是系统地加强桥梁。另一项任务是通过改造现有道路和建造新道路来改善道路网络。此外，还负责有效和适当地利用公共资金。联邦各州负责规划和实施建筑工程，并进行日常维护

续上表

序号	名　称	职能职责
4	铁路司	负责所有与铁路运输有关的问题。处理与铁路有关的政治、法律和技术问题，并制定铁路客运和铁路基础设施投资的监管框架
5	政策事务司	制定战略政策来确保联邦交通基础设施规划合理性以及保障所属项目严格按照预算和时间交付与广泛的民众参与，同时也负责交通领域向环保方向转型。政策事务司主要关注交通基础设施规划、交通燃料战略的转型、推动地区公共交通发展、慢行交通发展、推广电动汽车和噪声防治等。其他的关注重点还包括交通征费、科研经费、货运物流、空间规划、人口变化和欧盟政策问题
6	数字社会司	负责推动数字基础设施。其政策领域包括宽带部署、无线电频谱政策和网络联盟。此外，还侧重于与社会和交通数字化有关的技术问题，包括5G通信技术、公共交通数字化、自动驾驶、远程信息处理和基于信息技术的地球和天气监视系统。数字社会司也关注数字系统建设、云服务、数据运行、数字德国、德国通信价格以及数字无线电
7	航空司	负责处理国内和国际航空事务，关注航空政策、机场和航空运输安全问题。在联邦航空局、联邦空中航行服务监管局、联邦空运事故调查局和德国空运服务公司的协助下，航空司促进德国空中交通的平稳运行并为航空承运人提供安全运营环境，而且负责相关环境、噪声和与消费者保护有关的问题。此外，航空司还代表了德国在国际机构和组织中的利益
8	航道和航运司	是德国航道和航运管理的最高联邦机构，主要负责航道的维护和升级，包括23000km^2的海上水道和7350km的内陆水道。航道和航运司的另一个重要任务是参与国际组织的活动，例如关于海洋和航运法律的问题可在国际会议中讨论并解决

荷兰流通业行业组织在维护行业秩序、规范企业行为方面发挥了十分重要的作用，其物流领域的协会包括有荷兰货代和物流协会（FENEX）、皇家荷兰运输协会（KNV）、荷兰运输和物流公司协会（TLN）以及荷兰货运协会（EVO）等，其中货代和物流协会制定了FENEX货代规则、仓储规则、物流业务规则和物流服务规则等；皇家运输协会制定了铁路货运承运细则；荷兰运输和物流公司协会可向会员提供法律须知手册和协议模板；荷兰货运协会建有法律知识库等。这些行业协会在其领域具有相当高的权威性，在加强行业自律、规范货代和物流企业行为、维持市场秩序方面发挥着重要作用。

德国一些半官方的交通运输协会和民间机构也发挥了很大的作用，承担了行业内部、行业与政府之间沟通协调和技术支持工作。这些机构既承担政府委托的事务，又面向企业和社会提供服务，资金来源也是多渠道的。其中，比较有代表性的协会如下：

（1）德国运输企业协会。德国运输企业协会由600余家德国公共交通企业和铁路货运企业组成，为成员企业提供政策咨询、技术交流等服务，并代表成员企业与议会、政府等机构沟通。

（2）德国联邦货物运输与物流协会。德国联邦货物运输与物流协会是由德国公路货运、物流、循环回收企业组成的协会，一方面为成员企业间进行技术交流提供平台，另一方面在欧盟和德国议会等机构为成员企业的利益代言。

（3）德国联邦物流协会。德国联邦物流协会是由德国物流和供应链行业内机构组成的协会，提供一个产学研对接的平台，成员单位来自工业界、商业界、服务业和科研机构。

（4）德国 TÜV 莱茵集团。作为德国官方授权的政府监督机构及著名的国际性认证公司，德国 TÜV 莱茵集团承担了德国车辆年检、驾驶员考试及驾照发放、运输设备（如汽车车辆、轨道车辆、航空零配件）测试及认证等诸多社会管理职能。

（5）德国物流联盟（LAG）。德国物流联盟是德国物流需求的联系中心，具有特定物流、网络物流、运输物流、合同物流、采购物流、分销物流等方面的专业知识。联盟代表了联邦运输和数字基础设施部与德国物流业之间的公私伙伴关系，提供了在德国获得经验丰富的物流服务提供商、物流网络以及经济和政治联系的机会。其目的是将国际托运人、生产者和物流经营者与德国伙伴联系起来，以便建立和促进跨界贸易。这个量身定制的服务特别面向那些旨在扩展到欧洲的公司，以及使德国成为非洲大陆和运营中心的门户。

㊁ 政策法规

法规允许欧盟通过发布约束企业履行与市场相关某些义务的行政决定来影响经济。因此，在市场经济中，公共政策可以强烈影响单个公司和国家经济的整体竞争力。同时，各国政府仍然有权在决定和界定货运和物流的若干政策领域进行专门立法。

在欧洲，政策发展是渐进的，因为各成员国之间必须达成共识，而这些国家自然倾向于把各自的利益放在首位。欧盟一级和国家一级之间的权力划分遵循第 3 条所界定的辅助性原则[1]。这是欧洲联盟不采取行动的原则，除非它比在国家、区域或地方各级采取的行动更有效，特别是承认城市的主导作用。另一方面，在更广阔的海洋领域，委员会认为自己处于主导地位。

欧洲政治体系内部运作的背景是欧洲一体化的持续进程，进一步影响到交通运输。5 种不同的运输方式经历了不同的发展，这是由于越来越多的成员国在运输领域有着不同的轨迹，而且欧洲联盟委员会的做法也在不断变化。每一种运输方式都被不同的一揽子交易和国家政府所管制或者放松管制。

在大多数政策领域，执行欧盟政策和准则的责任在于成员国。因此，欧盟政策指导

[1] 参见《马斯特里赫特条约》第 5 条规定。

的有效程度在某种程度上取决于成员国采纳这些建议的意愿。在其他情况下，具有约束力的规则和条例保证了一项政策的普遍实施，然后由欧盟及其机构进行监测。

（一）欧盟的协调和标准

从历史角度看，欧洲的国家运输体系按照国防体系的一部分设计，其物理设计（例如轨道测量设备）和运营策略（例如使用跨国机车的能力）通常不兼容。欧洲的铁路轨距、隧道限界和电力系统有 37 种不同的组合。这种遗留问题为现代欧洲在提供各国可以相互使用的兼容性运输网络方面带来了极大的挑战。类似地，单个国家的运输系统在历史上的发展不同也导致各国运输基础设施发展水平参差不一。

协调标准化和过程协调在欧盟产生了协同效应。欧盟并不是让每个成员国寻求自己的解决方案，以各自为政的方式开发货运系统，而是倾向于协作开发作为《共同运输政策》（CTP）的一部分的欧洲运输系统。自从 CTP 创立以来，欧盟范围内的标准和过程的协调就已经成为欧洲统一过程中不可分割的一部分，此时国家边界不再那么重要，而且申根法案也已经生效。时至今日，欧洲大陆仍然是一个有着各种系统和处理过程的、高度分散的大陆，因为每个欧盟成员国都有自己的运输子系统，并且特性各不相同。

对于欧洲的联合运输，应当采用欧盟委员会制订的标准化措施，这和参与市场竞争的主体因竞争而形成的基于市场的标准形成鲜明对照，美国就属于此种情况。在基于委员会的标准化中，标准是委员会内利益相关方达成协议的结果。对于欧洲的联合运输，其标准的制定要达到欧洲标准化委员会（Comit é Europ é en de Normalisation，简称 CEN）和国际标准化组织（International Organization for Standardization，简称 ISO）水准。在制定这些正式标准时，应当考虑不同利益相关方的需求，并且必要时将每 5 年更新一次。但是，这一过程会比较慢，因为决策需要民意调查为基础，并且各方在此过程不同阶段都要作出评论。

通常情况下，当一个欧洲标准制定后，用户从现有的系统转换到新的欧洲通用解决方案时，会产生转换成本。如果使用新标准带来的利润（互操作性更高、性能更好）超过了转换成本，这种变化可能只对经济界人士有吸引力。如果与之相反，就会出现隔绝式抗议，各成员国会坚持自己现有的标准，并且等待对方采纳新标准。在有成员国很早就采纳新标准的情况下，其他各方也将随之加入。一旦某个新的欧洲标准成为主导标准，它就对更多国家产生更大的吸引力，希望它们也能采纳此标准，这就会导致网络效应产生的规模经济。因为有越来越多的用户执行某项标准，该标准或系统的功能对个体经济经营者而言就更有吸引力。

1. 标准化培训

为确保货运代理行业的持续诚信，同时维护国家市场，欧洲各国已启动机制以保证货运物流供应商的能力。培训和专业发展计划为客户和供应链合作伙伴提供了更高的安全感，同时该部门也承担起对质量标准负责的责任。

认证课程通常由私营公司和政府合作开发，旨在对工人的资质认定进行标准化，通常被认为在实际上给外国公民进入劳动力市场造成障碍。

在德国，任何进入货运代理行业的人都要完成为期 3 年的学徒制和工商管理课程，然后进行考试。培训计划不是政府强制执行的，这意味着即使没有经过培训和认证，货运代理也可以提供服务，但依然鼓励大家进行培训和认证。各个国家贸易协会参与标准化培训和认证要求的制定，然后由政府批准实行。

2. 标准化车辆和装载单位

当前欧洲大陆市场中使用各种载荷单位，导致出现不同的处理过程和各种设备，从而降低了运输工作在时间、能源和成本方面的效率。当前联合运输装载工具有三种：可拆卸车体、集装箱和半挂车，它们都有可充分发挥各自运输作用的应用范围，但却没有一个在开发时考虑联合运输模式。

然而，在海运中这就不成为问题，符合 ISO 标准的 20in[1] 和 40in 的集装箱是通用的。深海船只、码头转运技术（例如起重机）和内陆形态的运输模式（例如驳船和火车车皮）非常完美地与这些符合 ISO 标准的集装箱的尺寸相配。所以，和使用标准化集装箱之前相比，现在将货物装卸或转运到货车的驳船上的过程效率更高。

在欧洲的公路运输中，最大长度为 13.6m 的半挂车是人们比较喜欢的装载工具。这种车比 ISO 标准集装箱宽一些，可以装载更多欧标托盘。常规半挂车因为强度不足而无法堆叠，这就导致皮重较轻，带来的结果是燃料成本降低和装载较重货物的机会减少。此外，常规半挂车无法吊装，无法转运到其他模式。托运人也喜欢使用半挂车，因为陆地的联合运输正在与公路运输竞争。如果相同数量的货物可以装载到一辆半挂车上，托运人通常不会使用 2 个集装箱（对于欧标托盘是这样的）。

在联合运输模式的铁路运输中，可拆卸车体和符合 ISO 标准的集装箱是欧洲最常见的选择。这些运输工具无须堆叠，可以吊装到平台车上。可拆卸车体的尺寸和半挂车相同，和符合 ISO 标准的集装箱相比，容量更大。

就铁路基础设施而言，传统上要由国家来指定规范和技术体系。每个成员国的安全系统、信号系统和电力系统都不同。有些国家的铁路轨距甚至偏离标准的 ISO 尺寸。铁路基础设施的标准目前在欧洲层级上开发，大部分由欧洲标准化组织如欧洲标准化委员会（CEN）、欧洲电子技术标准委员会（CENELEC）和欧洲电信标准研究所（ETSI）负责。开发符合 ISO 标准的集装箱是为了在全球通用。此外，CEN 也为欧洲联运装载工具和欧洲可拆卸车体开发了标准。

---

[1] 1in 约合 2.54cm。

欧洲在执行这些标准的过程中出现了一些严重问题。基础设施的建设非常昂贵，所以一项标准在欧洲实行需要很长时间。这方面的一个例子是欧洲铁路交通管理系统（ERTMS），该系统通常安装在新建铁轨上，而在已投入使用的轨道上使用此系统通常因为轨道工作而导致铁轨承载力的临时性下降，随之就不可能立刻在所有的铁轨上使用此系统。例如在荷兰，所有的新建铁道现在都要求装配 ERTMS，但是老旧线路仍然装备国家系统（ATB）。在各地都可使用 ERTMS 之前，多系统机车是很有必要的。

3. 欧洲托盘协会（EPAL）

在 20 世纪 60 年代欧洲国家标准化的早期阶段之后，在国际铁路联合会（UIC）的资助之下，一种通用托盘类型在欧洲得到开发。自那时起，欧洲标准的托盘成了欧洲货运的公认标准，货车、叉车和高架仓库都以此托盘为标准在尺寸上进行了优化。有关国家协会还为托盘交换编制了框架协议，协议中规定，货物将通过欧标托盘（EPAL）交付，并以相同数量的欧标托盘相交换。这样就在欧洲形成了交易装载工具的公共空间。全球化让欧标托盘系统的发展陷入衰退，因为这种托盘与符合 ISO 标准的集装箱并不兼容。但它仍然是世界上使用最广泛的托盘类型，现在大概有 3.5 亿 ~5 亿个欧标托盘在流通。

4. 标准化的数据流

由于非标准化数据格式的使用，以及企业中普遍异构计算机运营环境的出现，实现欧洲物流体系的标准化就成了亟待解决的问题。由此造成的结果就是，供应链上的很多公司使用不同的计算机系统，而这些系统有时无法兼容。因为公司在充分利用技术，特别是在“企业对企业”的环境中，很多过程已经被数字化，甚至被自动化。在大多数情况下，物流链中唯一没有被数字化的部分就是各种运输单据。运单可以被视为是运输中选择、安排和预定的（数字化）过程的结果，这些过程包括各种需要遵守的事项。

公共部门中主要障碍是各成员国中的不同主管机关还没有在法律上同意提供数字化数据。私营部门中也存在着同样需要克服的障碍，但是按照欧盟委员会的观点，继续使用纸张交换数据的主要原因是成员国的各主管部门依然依赖于纸质文件。

供应链上主要公司（即船运公司和码头运营商）之间的电子通信仍然以国际电子商务标准（EDIFACT）为主，此标准虽然被用作数据通信的框架，但是供应链参与者之间对交换数据包的分类方面还存在显著差异。

在商务沟通中，数据格式的调整通常都以企业双边合作的方式进行。针对价值链上的跨公司沟通，至今还不存在全面统一的电子商务标准。

在欧盟，还没有完全实现供应链参与者之间的实时信息数据流。如果缺失这一接口，就会超越 EDIFACT 标准的范围，不仅会妨碍业务伙伴之间的数据传输，也会阻止信息传递到公众实体和主管部门。

由于国家控制机构缺乏设备，以及运输线路沿线缺少数字基础设施，进而延缓了技术创新在物流部门的应用。

1）数字运输和物流论坛

2018 年 5 月，欧盟委员会出公布了一项旨在消除现有障碍的法规草案，要求欧盟成员国内的所有运输主管部门都能按照法律要求接受数字形式的货物运输信息。

电子货运信息（eFTI）传输的统一基础架构的框架目前还是通过欧盟委员会、欧洲议会和欧洲理事会的三方对话确定，而公司经济部门以建议咨询功能参与。

一旦确定精确的系统基础架构和数据集，所有成员国的电子货运信息从企业传送到主管部门的过程将被数字化。所以，在未来 5 年内，欧盟将要求运营商提交所有规定的法律文件，这些文件以纸质文件的形式存放在相应的设施里，然后被上传到电子货运信息系统中，等待地方主管部门的批准。当前对废弃物运输和危险物品运输文件正采取类似措施。

2）国家单一窗口

“国家单一窗口”（NSW）是运输信息通信业务中新出现的一个新概念，它的出现是一些海上运输政策实施的结果。“国家单一窗口”的概念指的是国家系统的执行将作为不同运输模式下的公共和私营利益相关方之间就与货运有关的信息的电子化提交和交换的单一联系点。

单一国家窗口应当建立在现有的信息通信业务应用和系统上，例如河流信息服务系统或道路交通智能运输系统。当前单一窗口的应用主要集中在海运单一窗口（依指令 2010/65/EU 所要求），自 2015 年 6 月 1 日起生效执行。尽管有些项目已经提出了国家单一窗口的问题，但是尚未在欧洲层面上执行。

当前在欧盟委员会的资助下正在开发的国家单一窗口集成平台可能被定义为在国家层面上运行的单独信息系统，可以接受其结构被严格定义的信息，并且以协调的方式让国内各个货运和物流利益相关方可以得到此类信息。

国家单一窗口优于欧盟委员会提出的电子货运信息方案，并且将作为最近开展的电子货运信息计划的支柱。

（二）促进革新

来自各个工业和贸易领域的托运人与物流和运输公司发生持续的紧密联系，这是产生网络效应的前提条件，此效应可以大大增加由供应链上使用的新兴技术产生的利益。当前正考虑将物流服务的数字化作为欧洲工业和贸易的整个价值链的基本连接要素。这样，自组织行业生产的出现就依赖于数字化集成的物流系统。

网络化、分散管理、服务导向型的实时物流环境在第四次工业革命中起到了被称为“赋能者”的核心作用。所以竞争激烈的物流行业不仅要紧随技术变革的步伐，还应成为数字进程本身的驱动者。当经济正在从传统的生产型经济向智能制造型经济转型时，这一点尤为必要。

当前，第三方物流供应商提供线上服务的范围仍然不够大，这样就会导致复杂配送要求和有限的仓库供应量和配送设施无法满足这些需求，促使一些在线销售业务不断增长的零售商转而发展自己的电子交付中心，而不是委托给第三方运营商。

预计在大部分网上市场的运营者的需求可以被满足前，线上零售商会继续发展自己的电子交付中心，并且其中大部分公司会考虑将供应链外包给第三方物流供应商。但是，欧洲大量的第三方物流供应商仍然低估了电子商务的潜力，并且不会为在线零售商提供全部的服务。

1. 数据平台和开放数据

欧盟在促进革新方面的首要工作仍然是促进多式联运一体化基础设施的改进，以及更为复杂和用户友好型软件的开发，以支持一体化的运输作业和服务。

数据共享是促进物流革新，并完全利用 IT 革新的核心挑战。这包括两方面，即针对数据共享的开放标准以及执行这些标准的平台。在地方级、国家级和国际层级上进行的研究似乎表明应当在建立跨方式运输的标准化数字系统，并且为规划运营的政策制定创建数据库。

以荷兰的开放式出行模式（OTM）为例，这是当前发布的一项针对荷兰的供应链可视性的事实标准，一家私营企业已经有效地弥补了这一空白，为物流的可视性提供标准化的数据解决方案。其他供应链可视性的解决方案当前正由马士基航运公司执行，并且在 H2020Aeolix 项目中进行验证，这是“2020 地平线”框架中的一个受到公众广泛支持的计划。

在欧洲，人们还开发了针对单个利益相关方的解决方案。对欧盟各种公众融资的项目的分析表明，在大多数情况下，旨在建立物流平台的项目大多会成为专营项目，即利益相关方成为主要参与者，并提出解决方案和事实标准。某些物流革新要求共享大量的数据，以提高数据完备性，并增强数据一致性，也就是说，所有涉及其中的利益相关方应当以电子方式共享数据，因此仍然需要开放标准，这也是欧洲物流系统中尚未解决的摩擦点。

2. 战略交通研究和创新议程（STRIA）

新技术将为运输部门的积极转变提供一系列机会，但仍然存在潜在的问题，例如数据收集；而相关的挑战也依然存在，例如要求立法机构予以关注的隐私和网络安全问题。所以，欧盟在其政策框架内提出了这些社会变革，并将其整合进研究和投资工具中，以支持经济的数字化转型。

相应地，欧盟委员会在 2017 年采纳了战略交通研究和创新议程（STRIA），这是“欧洲在前进”一揽子计划的一部分，这部分突出了主要的运输研究和革新领域，以及开展清洁、互连而有竞争力的交通的重要事项。战略交通研究和创新议程识别了供未来研究采取具体行动的重点领域，概述在 7 幅路线图中：①互连而自动化的运输；②电气化运输；③车辆设计和制造；④用于运输的低排放替代能源；⑤网络和运输管理系统；⑥智能交通与服务；⑦运输基础设施。

例如，战略交通研究和创新议程中的“运输系统电气化”路线图考虑了所有 4 种运输模式，旨在统一行动，产生协同效应。在这一具体的路线图中，除了技术转移的协同性和选择之外，还有一个所有运输模式都存在的问题，即电气化问题。电气化可适用于能源存储系统的成本、能源密度、功率容量以及使用寿命等方面。另一个在多种模式下都存在的问题是基础设施对电气化的适应问题。无论采用何种运输模式，基础设施都应当可靠、可负担得起并且易于使用。

战略交通研究和创新议程的路线图在 2020 年、2030 年和 2050 年的时间节点上都与各自目标和活动保持一致，并且可以通过欧盟委员会的运输研究和创新监控与信息系统（TRIMIS）追踪。运输研究和创新监控与信息系统于 2017 年 9 月启动，其目标是支持战略交通研究和创新议程的执行和监控。

运输研究和创新监控与信息系统的一个子任务是收集新出现的运输技术，并定期报告。在此任务中，运输研究和创新监控与信息系统支持战略交通研究和创新议程的执行，并跟踪运输技术的状态和发展，发现革新技术，并通过创建运输 R&I 数据跟踪其未来可能产生的影响。这一过程的基础是以运输技术的分类聚合以及适当指示标志的使用为基础建立起一种评估方法。通过对其他来源的洞察，可以对该技术群进行整合和提升，例如知识产权（Intellectual Property，简称 IP）活动和科学研究活动（即同行评审论文），以更好地了解私营部门和学术机构在这方面的工作。

在 2019 年 3 月，欧盟委员会采纳了阻止部署合作智能运输系统（Cooperative Intelligent Transport Systems，简称 C-ITS）的新规定。合作智能运输系统计划是为了培养合作式互联自动化的交通，这一规范确立了所使用的各种合作系统之间的可互操作性的最低法律要求。

3.“地平线 2020”计划

欧盟自 1984 年执行第一个框架计划（EP）开始，已经建立了一整套有关技术革新的政策，为经济增长模式作出补充，解决成员国所面临的问题，并实现和发展不同的增长类型。

从 20 世纪 80 年代开始，因为各个欧洲国家的投资有重叠，且执行不同的产品标准，以及电信竞争力不强，人们清楚地认识到需要进行传统研究并制定发展政策。基于欧洲国家间系统合作的要求，第一个框架计划——《欧洲联合研发计划》于 1984 年问世。

在第一个框架计划之后，欧盟陆续推出了 8 项连续的技术创新政策，一直到 2014 年推出的“地平线 2020”计划为止。通过“地平线 2020”计划，欧盟要确保欧洲在解决诸如低经济增长和气候变化等社会问题方面的全球技术和工业竞争力。

实施于 2014—2020 年的“地平线 2020”计划，代表的是欧盟在运输和能源领域近 800 亿欧元的研究和创新计划。“地平线 2020 计划”的主要目标是将欧洲 GDP 总额的大约 3% 投入到科学和技术革新中，提高欧洲科学和技术研究的竞争力，并推动研发以抵御全球市场带来的竞争压力。

运输领域中的焦点在于与低碳排放和可持续运输，自动化公路运输、电动汽车、安全弹性运输系统、欧洲工业领导地位以及行为问题，以及用户对交通解决方案的需求等有关的研究与革新活动。

（三）多式联运

多式联运在欧盟提出的有关欧洲未来运输网络的政策中起到非常重要的作用。在过去的 30 年内，公路运输已经在欧洲的货物运输中占据了非常重要的地位。除荷兰由于高度一体化的内河水道网络，驳船运输量占据了 33% 以外，公路运输在其他所有国家中占据主要地位。

公路运输快捷、灵活、价格相对低廉。但是，由于其运力有限，欧盟在未来不能依靠公路运输。近年来，因为堵车、油价高、道路税和人们对环境问题的日益重视，公路运输的业绩已在逐渐下降。除此之外，人们相信从公路运输转向铁路和船运模式会减轻欧洲公路的压力。只要在运输上节约的成本低于额外搬运成本，则联合运输的成本要低于公路运输的成本。且与公路运输相比，联合运输对环境造成的压力较小。

多式联运保持竞争力的最低限度是其运输距离应当至少超过 400km。所以，欧洲多式联运面临的挑战是要和 500km 以下的中等运输距离的货运竞争，而此时的货运量显著高于长途运输的货运量。

欧盟最初努力的重点是追求自由竞争的发展和运输系统的互操作性，包括提升必要的基础设施水平，并促进成员国法律的一致性。此外，欧盟确定了一些优先投资项目，这些项目可以最大限度提高欧洲运输系统的连通性和互操作性。

自 1992 年《共同运输政策》推出以来，货运在运输方式术语方面的定义进行了多次更新。在 1992 年欧盟委员会白皮书中，多式联运的定义是两种或多种货运运输方式的组合，也称为联合运输。2001 年白皮书中多式联运的定义是使用适用于多种运输方式的多式联运集装箱或车辆运输货物。

引入这些定义是用来传达在欧盟实现综合运输系统的方式。共同模式被引入并定义为对可获得可持续和最佳的资源配置的不同运输模式的有效利用。最后，在 2011 年的白皮书中，多模式被重新定义，即使用不同运输方式为货物和旅客开展运输业务。这一时期还见证了从单一模式性能的提高（如联合运输、铁路放松管制和短途海运）到注重共同模式，即一种、多种或所有模式同时有效，以实现最可持续和最有效的系统演变。

欧盟委员会在2003—2016年提出的政策主要集中在降低公路交通量、提高多式联运模式的运量上。2011年，欧洲议会采纳了“连接欧洲”这一金融工具，旨在促进经济增长，从而提高欧盟活动的有效性，通过欧盟成员国在运输、能源和通信领域内追求政策平衡。新的融资计划允许加速实施公路建设、铁路建设、能源基础设施和快速电信网络方面的长期投资。它也支持绿色运输模式以及可再生能源的使用，这与欧盟的“欧洲2020”经济增长和促进就业的战略一致。在此计划下，为融资项目提供的资金总额达到293亿欧元，并且由欧盟委员会直接管理。2014—2020年，欧盟委员会启动了一项针对货运服务的新融资计划。该计划考虑了新的技术发展、在马可波罗计划中获得的经验和新的运输政策框架，尤其是修订了地泛欧洲运输网络指南。

当前，欧盟委员会的政策仍然基于这样的假设：货运模式的显著改变通过下列措施是可以实现的。

（1）委员会在货运物流中采用ICT（Information and Communications Technology，信息与通信技术）、电子货运（电子运输系统）或ITS（Intelligent Transportation System，智能交通系统），这些系统可以使用各种运输措施在整个运输路线上改进识别系统，并跟踪物流，同时将改善运输公司与公共行政管理部门之间的沟通情况。

（2）通过消除铁路货运中的技术、运营和组织方面的瓶颈，确保国际系统中的铁路互用性。

（3）通过整合办公室中的信息技术，创造所谓的单一窗口，简化行政管理的过程（即在通过海关或编制单独的运输文件的情况）。

（4）对机动车载荷与尺寸进行标准化，并且对所有类型的地表运输通过对欧盟法规的适当修改实现欧洲统一的货运标准。

（5）使用短距离海运、铁路运输、内河航运和公路运输等措施创建“绿色走廊”，其中的转运节点在未来会配备环境友好型解决方案。

影响模式转变的一个主要外部因素是油价。如2008年油价上涨时，铁路货运的运营商会内部吸收增加的成本，以留住客户，但这有效地减少了运营商的边际利润。我们可以预测，运输部门（包括铁路）更关心的是效率和商业问题，而非环境问题。

（四）可持续交通

全球气候变暖趋势和社会上的驾驶员对欧洲运输系统造成了巨大的挑战。在2015年，运输的能源消耗和二氧化碳排放量占欧洲能源消耗总量和总排放量的比例分别为 33% 和 20%；2001—2011 年，运输部门的能源消耗增长了 6%。所以，运输不是发展稳定的一个次要因素。运输是欧洲温室气体的排放的重要成因，仅次于能源。公路运输的排放量占了欧盟总排放量的近五分之一。2012 年，铁路在运输部门温室气体排放的贡献率仅为 1.5%，包括电气牵引机车，它所占的市场份额可能小于铁路的市场份额。与此形成对比的是，公路的温室气体排放量占了总量的 70.9%。

作为主要污染源之一，运输已经成为欧盟环境政策的核心。同时，人员和货物的免费运输成了各个条约的中心原则，并且已经整合到单一市场的职能中。免费运输原则可以防止欧盟委员会采用旨在限制流动性的更强的环境措施，相反，欧盟委员会的目标是通过从公路和空中运输转换为铁路和内河航运，从而将这两个彼此冲突的目标联系起来。

为减轻货运和物流的温室气体（GHG）排放，欧盟已经确定了 3 种策略，简而言之，这些策略可以分为 3 类：转变、改进和避免。

（1）策略一：转变。

将尽可能多的公路需求转变为铁路和航运的需求，包括内河航运（IWT）和短距离海运（SSS），因为基于铁路的联合运输无论使用何种类型的机车，其排放的二氧化碳要少于纯货车的运输模式。这一方法的后续政策是 2011 年发布的欧盟运输白皮书和德国环境部推出的货运政策。

（2）策略二：改进。

通过更有效的生产和配送策略以及更有益的消费模式减少运输活动。这种选项到目前为止还没有实现，尽管通过它可能得到与经济的数字化转型有关的收益，本书不详细讨论。

（3）策略三：避免。

降低道路运输的碳排放。通过使用氢燃料、生物燃料、合成燃料或高速公路的电气化可以实现这一点。类似全自动或半自动驾驶、提高燃油效率等新技术支持这一路径。公路运输中的温室气体减排措施基本上可以分为 3 种类型：①针对货车运输的新技术的研发和传播投资；②法律措施；③基于市场的措施。

在欧盟协调下，欧洲各国已确定将可持续发展定为欧洲货运体系进一步发展的主要课题。自成立以来，欧盟共同运输政策重点放在将可持续运输作为在所有运输方式中创建一个开放和有效运作市场的一部分。

随着人们对货运对全球气候以及当地空气和噪声排放的影响越来越感兴趣，运输政策如今在欧洲和全球层面的讨论中处于前列，如“单一欧洲运输区路线图”（欧盟委员会，2011 年）和“欧洲运输成本核算和项目评估协调方法”（HEATCO，2006 年）。

2008 年，欧盟委员会起草了绿色运输系列政策，其目的是要“制定战略，以确保运输价格能更好地反映它们对社会的真实成本，这样对环境造成的损害和交通堵塞就可以逐渐减少，同时还能提高运输效率，最终促进经济发展。”这一系列政策代表要明确减少排放和运输系统导致的负面外部环境影响。

到 2009 年，欧盟制定了一项可持续交通议程，其中包括关键的发展政策，如绿色交通一揽子计划和旨在考虑可持续性所有方面（如排放、噪声、土地占用和生物多样性）的新指令建议。在 2011 年发布的白皮书中确定的未来运输政策的主要目标之一是到 2050 年将温室气体的排放量减少 50%。为了实现这一目标，围绕公路运输制定了大量目标：①在城市运输中“常规燃油”车辆的比例到 2050 年将下降 50%，自 2050 年起，此类车辆将逐渐废弃；②到 2030 年，30% 的里程超过 300km 的公路货运应当转为其他方式，例如铁路运输和水运，到 2050 年，这一比例应当超过 50%。

此外，该议程还提出，2011—2018 年，将实行大量行动计划以减少燃油的使用，并促进环境友好型车辆的使用以及从总体上控制温室气体排放。2011 年的白皮书第一次对交通方式的划分和排放的目标作出了量化描述。这些目标在前面的例子中已经被确定为整体目标，但尚未提出具体目标。这些目标在气候变化的更广大的地缘政治环境中提出，并且与 2015 年的《巴黎协定》一致。

2016 年，欧盟启动了所谓的低排放运输战略。此战略给出了和 2008 年的绿色运输系列政策类似的消息，其职能也类似，即关注特定领域和政策措施模式，旨在提高环保性，或者至少减少造成的伤害。

2019 年，欧盟委员会就到 2050 年实现改善气候条件的目标与《欧洲绿色协议》的相关方进行了沟通。数字技术、互联互通和自动化构成了这一计划的基础，其目标为转变传统的运输观念，这对运输脱碳可能产生潜在的影响。

尽管如此，在过去几十年中，占主导地位的公路货运在很大程度上加剧了运输中二氧化碳排放量的增加。据估计，铁路和内河运输的平均每吨公里二氧化碳排放量仅为公路运输排放量的四分之一。与此同时，预计到 2030 年，欧盟对能源的依赖度将达到 70%，其中运输占石油最终需求的 67%，该部门几乎完全依赖化石燃料产品的供应，并承担着欧洲五分之一以上的温室气体排放。

（五）欧洲货运走廊（全欧交通网）

欧洲货运的很大一部分是沿着明确的路线或走廊来运输的。鉴于货运业务的资本密集型性质，通过共享昂贵的基础设施投资和沿走廊或集中物流中心合并业务，可以节省大量资金。欧洲货运市场的市场压力导致了一个普遍的假设，即旨在为货运创造强大通道的基础设施发展战略可以降低欧盟各成员国的成本。如今，全欧交通网络（TEN）就是欧盟大陆运输战略的一个组成部分。

《马斯特里赫特条约》发起发展一个一体化和可互操作的大陆运输网络，并允许沿着欧洲货运走廊发展基础设施，确定了跨欧洲多式联运网络在高速列车、公路、货车、铁路联合运输和内河航道方面的优先事项。货运走廊的建立考虑了地理障碍，如山脉和河流，以及仅存的政治边界和伴随的技术困难，如法国和西班牙之间火车轨距的变化。就涉及的欧盟成员国数目而言，该方案经历了 3 个阶段：全欧交通网络 TEN-T15（1996—1999 年）、全欧交通网络 TEN-25（2000—2006 年）、全欧交通网络 TEN-T27（2007—2013 年）。

每一个阶段都包括整个欧盟的数百个项目，从大规模基础设施开发到在现有基础设施上应用信息技术。1994 年，欧盟委员会首次提出了初步目标，即建立一个公路网系统，总长度为 5.6 万 km，可通达所有欧洲地区；建立一个约 7 万 km 的铁路网和专用于联合运输的走廊，可通达地区和港口；拥有 12000km 通航里程的内河航道网；拥有 267 个指定机场的跨欧洲机场网，以及利用现代信息技术进行通信（包括卫星）的信息管理系统，以实现尽可能顺畅的交通流。TEN-25 将重点项目扩展到 20 个，而 TEN-27 将总数扩展到 30 个，包括 65100km 的高速公路和 212800km 的铁路线，通航内河航道 42079km，港口 1239 个。

最近的迭代还包括部署 ITS、欧洲铁路交通管理系统（European Rail Traffic Management System，简称 ERTMS）、船舶交通管理信息系统（Vessel Traffic Management and Information System，简称 VTMIS）、空中交通管理（Air Traffic Management，简称 ATM）和全球导航卫星系统（Global Navigation Satellite System，简称 GNSS），展示了欧盟委员会计划鼓励使用远程信息技术，以促进交通流的“智能”引导，并提高基础设施网络的容量利用率。

实际上，作为欧盟的主要立法机构的欧盟委员会推荐走廊项目。然后，欧洲议会和理事会根据工作人员的投入和政治考虑，选择拟议项目的优先事项。欧盟为可行性研究提供了高达 50% 的资金，为建设提供了高达 10% 的资金，同时也允许从成员国政府和私营部门回购。这种模式的现成中央计划由于和缺乏实施资金自相矛盾而受到阻碍。

如今，全欧交通网络由所谓的综合网和核心网组成。网络中最具战略意义的部分被称为核心网络走廊，这些走廊由各自的欧洲协调员、治理结构和一个秘书处负责协助协调员的实施。一旦项目启动，协调员必须制订工作计划并确定走廊的适当措施。欧盟将完成综合性网络的截止期限设定在 2050 年。欧盟将在 2030 年之前完成核心网络的建设，此网络包括综合性网络中最重要的战略部分。

所有未来的基础设施投资都列入工作计划，需要有关会员国核准。在制订工作计划的过程中，还可以征求区域和地方当局、运输经营者、运输使用者和民间社会代表等其他利益攸关方的意见，为工作计划及其执行作出贡献。这一走廊论坛是由全欧交通网络措施影响的国家商定设立的，并发挥了协商作用。

走廊方法旨在把所有利益有关者聚集在一起，加强协调的基础设施规划，从而加强基础设施规划与社会之间的联系。此举也有助于弥补欧盟一级的规划与国家基础设施规划之间的差距。如果没有全欧交通网络采取协调一致的方法，两者之间的差距将继续保持。

全欧交通网络的主要优先事项是建立和发展消除瓶颈、填补缺失路段和完成走廊主要路线以及各种运输方式的最佳组合和整合所需的关系、关键连接和互连。从效果上看，部署这一基础计划是为了对市场失灵的状况作出修正——在欧洲大陆消除瓶颈，并且提供可靠的跨国联系。

三 基于欧洲经验的借鉴

（一）标准化体系建设

近年来，欧洲经济发展迅速，各国之间贸易往来及物流活动频繁。为了促进相互之间的协调，提高运作效率，欧盟正在大力推进物流标准化体系的建设，采取了一系列促进物流产业发展的协调政策和措施。据此，全欧洲铁路系统及欧盟委员会提出在未来 20 年内，努力兴建全欧洲统一的铁路体系，实现铁路信号等关键系统的互用。另外，为了整合物流资源，促进欧盟各成员国之间物流资源的便捷流通和优化配置，欧洲还成立了欧洲空运集团，同时在荷兰的 Eindhoven 空军基地建立了空运联合协调中心，该中心主要负责规划并协调空运支持、紧急事件处理、空中加油机、重要任务运输和医疗抢救等工作。

（二）权力下放

近年来，大多数欧洲国家的交通运输都显示出明显的权力下放或辅助迹象，导致中央政府的参与度减少。这种权力下放似乎是一种统一的现象，但放松管制、权力下放和私有化方面在不同的国家和城市却表现出不同的形式。在这方面，最明显的变化是，近几十年来，大多数欧洲国家的交通基础设施政策出现了惊人的平行变化，其特点是 20 世纪 60 年代表现为扩张期，20 世纪 70 年代表现为收缩期，20 世纪 80 年代表现为选择性扩张期，市场力量或分散化原则强烈地支配着这个方向。政策更加自由和 / 或公共预算严重赤字的国家是最先提倡运输政策私有化（与放松管制相结合）的国家。

附件 3　日本物流管理体制

一 管理体制

1. 中央管理机构

经过多轮体制改革，日本已经实行了大部门制。日本的中央省厅体制是：设有 11 个职能部门（省），另有 12 个辅厅。11 个职能部门除国土交通省（Ministry of Land, Infrastructure, Transport and Tourism）外，还有总务省、法务省、外务省、财务省、文部科学省、厚生劳动省、农林水产省、经济产业省、环境省、防卫省。国土交通省除管理交通运输业务外，还管理国土资源、城乡规划建设、水利、旅游观光、海上保安等业务。国土交通省内设道路局、铁道局、自动车局、海事局、港湾局、航空局等业务局，负责管理相应运输业务，下设有观光厅、海上保安厅。在交通运输和物流领域，日本建立了大部门管理体制，由国土交通省统一管理公路、铁路、水路、航空等运输方式和物流行业。国土交通省的组织机构如附图 3-1 所示。

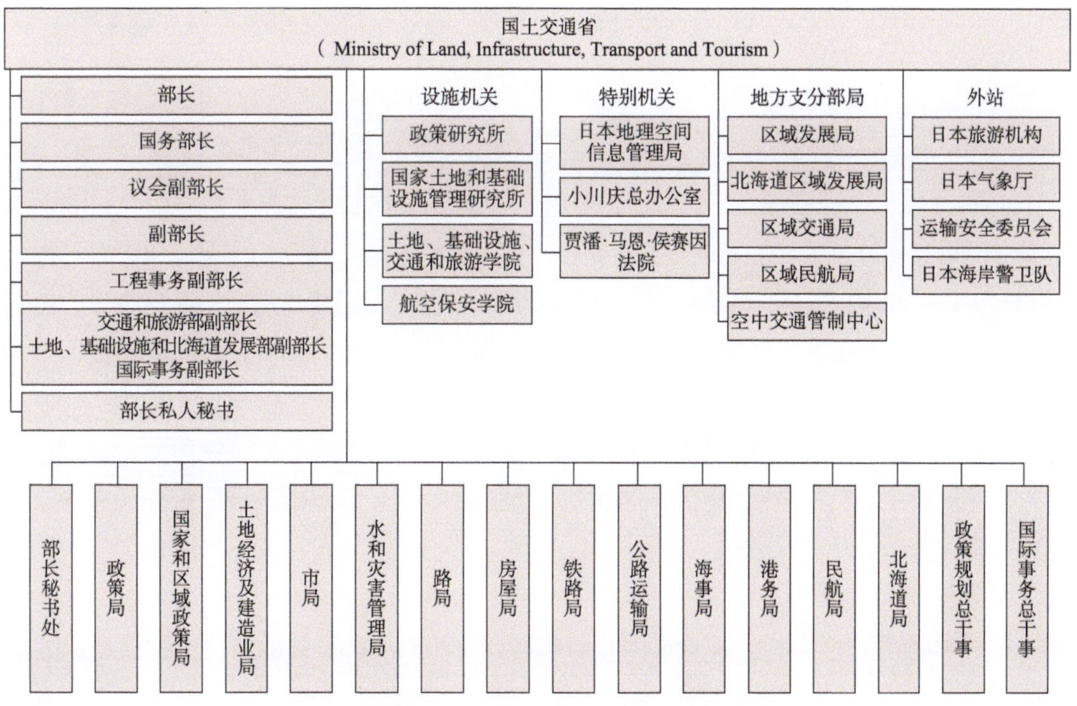

附图 3-1　国土交通省组织机构图

日本国土交通省已包揽了物流大部分环节的调控工作，几乎覆盖了物流产业所涉及的各主要行业。其职能不仅覆盖了国土交通省所辖范围内各主要运输方式的政策设计、计划制订及城市与区域运输的规划与协调，还包括了现代物流供应链所涉及的仓储与配送等市场准入方面的管理工作，如附图 3-2 所示。

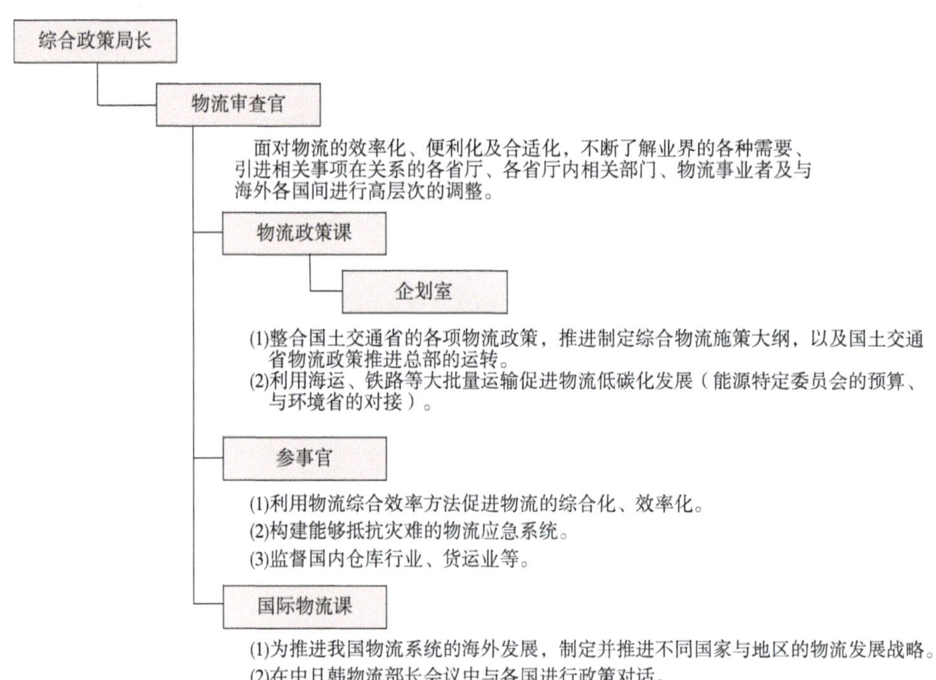

附图 3-2　以审理物流审查官为中心的物流行政一体化制度

日本在国土交通省综合政策局设立物流政策课，负责制定物流业发展政策。国土交通省专门设立物流审议官，管理物流政策课（下设企划室）、国际物流课、参事官（物流产业）室，物流审议官部门与国土交通省各运输职能局是业务协作关系，在与货主的协作方面，外部还涉及农林水产省、经济产业省；在物流的低碳化方面，还涉及环境省。

2. 地方管理机构

日本是君主立宪制国家，中央到地方的管理层级较少，地方行政机关拥有较大自主权。地方交通运输主管机构设置没有统一模式，各地差别很大，许多地方政府把交通运输管理与其他事务管理合并设置机构。

3. 物流行业协会

日本物流行业协会，大部分是由政府参与和组织兴办的，是政府管理物流产业的得力助手。

（1）物流系统协会（JITS）。物流系统协会是经通产省和交通省认可，由政府、企业和学术界共同承办的专门负责研究物流产业发展的全国性行业机构。作为一个非营利组织，物流系统协会不仅从事物流学术研究工作，还在政府的授权下参与物流产业的管理，对物流产业的发展具有比较大的影响力。其主要职能有：负责调查政府和有关组织创立的物流系统，配合拟订有关物流系统标准的草案，对物流设备的生产和配送活动进行统计；对政府提出有利于推进物流产业发展的政策建议，并通过这类建议的形式参与政府对物流的管理。

（2）日本物料搬运协会（JMHS）。日本物料搬运协会成立于 1956 年，成立的目的是通过物料搬运（Material Handling，简称 MH）理论的应用促进生产和流通领域的技术创新、管理和技术的发展以及成员之间的信息交流。目前，日本物料搬运协会已经成为日本的物料搬运核心组织，并已与世界上其他物料搬运相关的组织建立了合作，如与欧洲和美国的同行通过信息交流来吸取国际经验，加强了同邻国中国、韩国的联系等，使自己始终掌握生产和流通领域的世界趋势。其主要职责有物流行业的基础研究、技术创新、技术交流与推广、成员之间信息交流等。

二 政策法规

（一）发展政策

从 20 世纪 60 年开始，日本政府相继出台了各项物流政策。但是由于制定政策的部门不同，出台的物流政策内容也各不相同。当时，日本负责物流产业宏观管理的政府部门主要包括国土交通省、经济产业省、内阁府、公正交易委员会、警察厅、总务省、外务省、财务省、厚生劳动省、农林水产省、环境省等多个部门，并没有设立专门的机构来对物流业进行统一管理。这种状态一直持续到了 20 世纪 90 年代。随后，日本政府为了改变制定物流政策各部门各自为政的局面，2001 年实施了“省厅整合”，把原来的 1 府 22 省厅整合为 1 府 12 省厅，并以此为契机，各省厅之间在物流政策制定与实施的合作方面变得更加紧密。目前，日本政府根据现代物流特点，以国土交通省和经济产业省的行政部门为核心，形成了协调一致的物流行政体制，制定了综合、一体化的物流政策，实现了各项管理工作以及各个环节的有机结合与有效衔接。其中，国土交通省主要负责运输方式政策设计及计划制订，区域运输、城市配送规划与协调，仓储市场准入及物流基础设施等方面的管理工作；经济产业省主要负责物流产业政策、标准、结构、布局和发展战略等的制定。

1996 年 12 月 17 日，日本政府在《经济结构的变革和创造规划》中指出，物流改革是经济构造中最为重要的课题之一，并由此规划，到 2000 年止，既要实现本国物流产业的效率化，又要建成不亚于国际水准的物流服务，为此日本政府要求各物流相关机构要联合起来，共同制定推进物流产业发展的政策和措施。根据这一精神，自 1997 年开始由经济产业省和国土交通省每 4 年共同制定一次《综合物流施策大纲》，《综合物流施策大纲》的连续制定、发布标志着日本政府对物流政策更加注重持续性、长期性。《综合物流政策大纲》提出要提高物流生产效率，推进物流系统的海外发展，构筑抗灾害强烈的物流系统，实现持续支持经济增长和民生的“强物流”。这一文件成为日本物流业向纵深化、现代化方向发展的“指针”。每次大纲发布的同时，日本经济产业省和国土交通省也会同步发布，评价上一次大纲的完成进度与本次大纲的实施程序。

现在日本的物流政策按照平成 29 年（2017 年）7 月内阁会议决定的《综合物流施策大纲（2017—2020 年）》进行。为满足物流发展未来的新需求，从以下 6 个方面推进：

（1）在提高供应链整体效率、创造价值的同时，推动产生高附加价值物流的变革。

（2）物流的透明化、效率化和工作方式改革的实现。

（3）通过库存等基础设施的功能强化实现高效物流，硬件基础设施、软基础设施一体的社会基础设施功能提高。

（4）对应灾害风险、地球环境问题的可持续物流防备。

（5）通过运用 IoT（Internet of Things，物联网），BD（Business Development，商务拓展），AI（Artificial Intelligence，人工智能）等新技术进行“物流革命”。

（6）为了确保、培养人才，加深对物流的理解，对国民进行启发活动等。

（二）法律法规

在日本物流发展过程中，除了企业自身对物流管理及技术不断深入挖掘、社会各界对物流业的发展进行资金支持以外，日本政府还非常注重为物流业发展提供良好的制度保障，其根据日本及世界经济发展的趋势和需求，制定一系列政策来加大政府部门的监管和控制作用。

1. 日本物流相关法律

为了发展物流产业，日本政府通过不断制定相关的法律，形成了基本法、综合法和专项法的物流立法模式，加大了政府部门的监管和控制作用。可以说，日本现代物流企业的出现，与相关法律调整有直接的关系。

（1）1966 年制定了《流通业务城市街道整备法》，目的是通过使集中在大城市中心的流通设施向已经建设好的外围地区集中搬迁，提高大城市的流通性以及公路的畅通性。

（2）1989 年 12 月制定、1990 年 12 月正式实施的《货物汽车运输事业法》和《货物托动事业法》，是规范汽车运输事业的事业行为法律，两者统称为“物流二法”，两者放宽了对汽车运输业的规制，被认为是具有划时代意义的法律。它是将以前有关运输活动管理的各种零星法律进行整理后综合而形成的，替代了连续实施长达 40 余年的 30 部与物流产业有关的法律和政府规定。另外，运输费用的制定也从批准制变为备案制，放宽了市场准入的限制。在仓库业方面，政府也撤销了对供需平衡的审查，只保留安全审查，并放宽了收费规制，使收费规制具有弹性化。

（3）1992 年公布了《汽车二氧化氮限制法》，规定了允许企业使用的货车车型，同时在大城市特定区域内强制推行排污标准较低的货车允许行使的规制。

（4）1992 年起草了《能源保护和促进回收法》， 目的是解决地球温室效应、大气污染等各种社会问题。

（5）1997 年通过了《京都议定书》，根据该议定书规定的标准，日本今后需要解决汽车二氧化碳排放超量的问题。

（6）2001 年制定了《实用电器再循环法》，促进了资源利用效率的提高并减少了浪费。

（7）2010 年制定了《全球气候变暖对策基本法》，对所有化石燃料（如煤炭、汽油、柴油、航空燃料、天然气等）征税，实现二氧化碳减排及降低能源消耗量。另外，以《公害对策基本法》为基础，以可持续发展、保护环境和国际协调为新的理念，先后制定了循环经济基本法——《环境基本法》《推进建立循环型社会基本法》；综合法——《废弃物处理法》《促进资源有效利用法》；专项法——《特种家用机器循环法》《建筑材料循环法》《容器包装物分类收集循环法》《食品回收法》《绿色采购法》《汽车循环法案》和《建设循环法》等相关法律。

（8）2015 年 12 月，《联合国气候变化框架公约》近 200 个缔约方在巴黎气候变化大会上达成《巴黎协定》。这是继《京都议定书》后第二份有法律约束力的气候协议，为 2020 年后全球应对气候变化行动作出了安排。日本也于 2016 年 11 月正式加入，明确了 2030 年比 2013 年二氧化碳减排 26% 的目标。

（9）2017 年公布《综合物流施策大纲（2017—2020 年）》，以物流业发展的具体情况为基础制定量化指标，进而指导之后几年的物流业发展。在政策提出后，还会针对政策实施效果进行跟踪调查，向民众公布调查结果。

2. 日本物流立法情况

日本建立物流业法律规制，通过制定各种专门性法律来进行，可将日本物流立法划分为以下几类。

1）物流业规划立法

在物流运作过程中，商业节点布局、物流节点布局与货物的流量、流向等有着直接的关系。因此，日本政府把配送中心、大型商业网点、货物集散中心等与物流节点相关的规划、设计以法律的形式加以规定。这类法律主要包括《与大规模零售店相关的零售店事业活动调整法》（以下简称《大店法》）、《流通业务城市街道整备法》和《汽车终端站场法》等法律。

1973年，日本政府颁布了《大店法》并于1974年3月1日起正式实施，该法是为了缓解城市交通压力、保护消费者的权益并促进企业优化供应链管理、减轻对环境的污染而设立，其治理对象为大型零售企业，对商家设立店铺时必须要遵守的区位条件、营业时间、对周围环境影响等作出了明确规定，还对进出车辆的噪声、等候场所等都设置了严苛的标准。该法实际上限制了大型零售店铺的发展。从20世纪90年代开始，《大店法》经过1990年、1992年、1994年的多次修改，日本政府逐步放宽限制；后因《大店法》违反了"自由竞争"原则，日本政府被迫于1998年废止了旧的《大店法》，并从2000年6月开始实施新的《大规模零售店铺立地法》，大幅放宽对大型店铺的规制，其不仅废止了《大店法》中的一些限制，还继续在酒类、烟草、医药、粮食销售以及分期付款销售等方面放宽了限制。这为日本社会带来了新的商机，但同时也加剧了企业间的竞争。这一法律连同1998年实施的《新城市规划法》《中心市街地活性化法》并称为"市政建设三法"。"市政建设三法"以地域多样性和主体性为目的，进行流通环境建设。

由于当时日本许多新兴零售业进入市中心和交通枢纽地区，导致交通拥堵。为改善这一现状，日本政府制定了《流通业务城市街道整备法》，该法通过将市内的流通、商业设施转移到郊外，统筹规划大城市中心区域的物流设施的布局，来改善市内交通拥堵的状况。《大店法》对大型零售企业的各种限制起到了治标的效果，而《流通业务城市街道整备法》则起到了治本的功效，两者的共同实施，保证了日本物流业的可持续发展。

另外，日本政府还制定了《汽车终端站场法》，其后被数次修订。由于该法的制定，使得营业性车站对"网络型拼箱运输"的物流企业起到重要作用，因此日本政府对它进行了不断的完善。

2）交通运输业立法

运输一直是物流的核心与关键，而运输又分多种方式。因此日本的交通运输立法包括规范公路、铁路、海运和航空运输等法律。

（1）铁路运输业法律概况。

日本建立的铁路运输业法律体系见附表3-1。

铁路运输业法律体系

附表 3-1

序号	类　别
1	准入（许可）：按种类、路线许可提交业务基本计划
2	实施工程（许可）：提交工程计划；确认业务基本计划、技术标准的符合性；检查工程的完成情况
3	车辆（确认）：确认对技术标准的符合性
4	运费及费用（上限认可、申报）：是否通过在有效运营下合理的成本加上合理利润后的金额实施运费申报
5	运行计划（申报）
6	业务的转让及接受转让、合并及分割（认可）
7	业务的停止/废除（申报）等

对铁路货物运输法律进行了部分修订，见附表 3-2。

铁路货物运输法律的修订

附表 3-2

类　别		修　订　前	修　订　后
货物铁路业	准入限制	执照制： 供需调整限制； 审查业务的可实现性、持续性、稳定性、运输的安全性等	许可制： 废除供需调整限制； 审查业务的可实现性、持续性、稳定性、运输的安全性等
	退出限制	许可制： 审查该线区的运输量的动向、替代交通工具的完善情况	事先申报制： 6 个月前申报（经确认不会影响利用者便利性的 3 个月前）
	运费限制	在上限认可基础上的事先申报制	废除在上限认可基础上的事先申报制（有变更命令）

（2）内航海运业法律概况。

日本建立了有关内航海运业的注册、运输条款的申报、安全管理章程等事项。通过以下 3 方面举措推动业务的多样化、顺畅化，完善竞争性市场环境：

①放宽准入限制。自 2005 年 4 月 1 日起，实行注册制，即大幅放宽标准装载量（1 艘以上）。

②废除业务种类。自 2005 年 4 月 1 日起，废除运营者与业主的业务分类，业主也可以直接与货主签署运输合同。

③废除合理装载量、最高限量制度及标准运费、租赁费限制。

（3）海航海运业法律概况。

海上运输法对有关海上运输业（船舶运航业、船舶租赁业、海运中介业及海运代理店业）的许可、申报，运费及费用的申报，运输条款的认可，安全管理规定的申报等事项进行规定。以自由开展业务活动为基本原理，原则上准入自由，通过引进市场原理搞活业务，同时为补充市场原理制定了最低限度的规则。

（4）港口运输业法律概况。

①港口运输业法律的改革。

港口运输业法以确立有关港口运输的秩序、谋求港口运输业的健康发展并增强公共福利为目的，经历了多次改革。改革过程包括以下内容。

a. 港口运输业法律的制定。

（a）实施时间：1951 年 6 月 20 日。

（b）实施内容：实施注册制。虽然根据战后 GHQ（驻日盟军总司令部）的方针实现了自由化，但秩序混乱，因此通过议员立法引进注册制。

b. 水路运输业法律的全面修订。

（a）实施时间：1959 年 10 月 1 日。

（b）实施内容：实施执照制（由于通过注册制未实现恢复秩序的目的而引进执照制）。

c. 水路运输业法律的部分修订。

（a）实施时间：1966 年 10 月 1 日。

（b）实施内容：通过扩大业务规模及强化分包限制来强化一贯作业体制（提高应雇用的劳动者人数、完善相关分包投制度）。

d. 港口运输业法律的全面修订。

（a）实施时间：1985 年 1 月 19 日。

（b）实施内容：对业务分类进行合并及实现分包限制的弹性化（针对集装箱化，对船内业务与沿岸业务进行合并，形成港口装卸业务）。

e. 港口运输业法律的部分修订。

（a）实施时间：2000 年 11 月 1 日。

（b）实施内容：关于特定港口（9 个主要港口）[1] 的一般港口运输业务等。在准入时，将执照制改为许可制（废除供需调整限制）。关于运费及费用，将认可制改为事先申报制。

f. 为搞活港口而对港口法律的部分内容进行修订的法案。

（a）实施时间：2006 年 5 月 15 日（港口运输业相关部分）。

（b）实施内容：废除特定港口，以及关于 9 个主要港口以外的地方港口的一般港口运输业等。在准入时，将执照制改为许可制（废除供需调整限制）。

②港口运输业法律的主要限制。

a. 准入限制。

（a）关于一般港口运输业务等，应至少具备国土交通省规定的与各港口运输业务种类及港口相应的设施及劳动者。

（b）关于理货业务等，应为了确保公正、合理地开展业务等完善必要的体制。

---

[1] 9 个主要港口：京滨港（东京港、横滨港、川崎港）、千叶港、清水港、名古屋港、四日市港、大阪港、神户港、关门港（下关港、北九州港）、博多港。

（c）该业务的会计基础应具有可靠性等。

b. 运费限制。

港口运输企业在制定运费或进行变更时，应事先进行申报。

（5）航空货物运输业法律概况。

航空货物运输业相关法律如附图 3-3 所示。

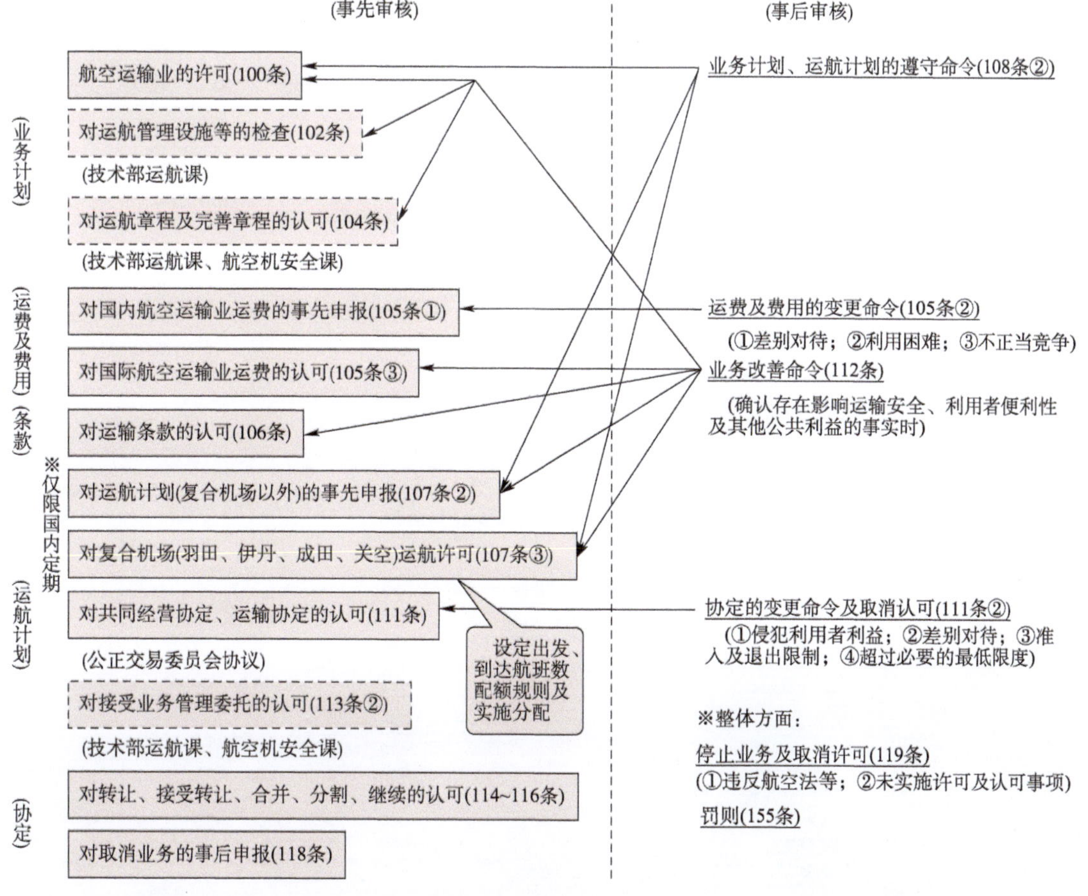

附图 3-3 航空货物运输业相关法律

注：在对许可及认可事项进行变更时，需另外进行有关变更的确认。

（6）货物代理运输业法律概况。

货物代理运输业是利用实际运输企业（自行运输者）对货物进行运输的业务。关于与货物代理运输业相关的法律体系，在实际运输方面存在有关各运输方式的法律，与此相对，代理运输只有一项覆盖各运输方式的综合法律（货物代理运输业法）。此外，建立了与货物代理运输业相关的法律体系。

根据货物代理运输业相关法律的规定，货物代理运输企业对货主负有从集货、干线运输到配送的全流程运输责任，提供门到门的运输服务，如附图 3-4 所示。

全流程运输服务、全流程运输责任
(集货)
(干线运输)
(配送)
货主
出发至机场
到达机场
收货
(作为干线运输工具，除飞机以外还有船舶、铁路)

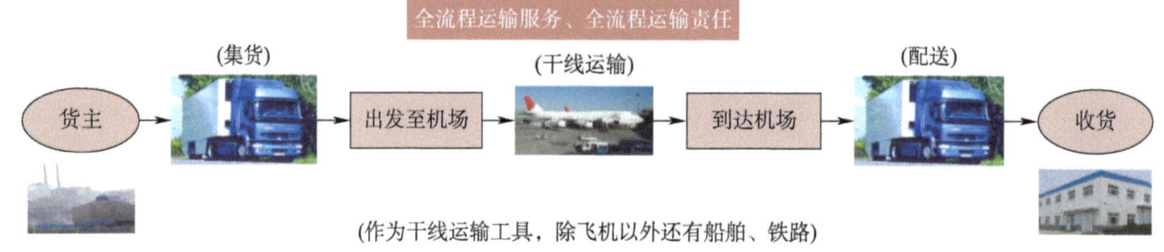

附图 3-4　货物代理运输业的一贯式运输

此外，日本货物代理运输业法对货物代理运输业进行了详细的分类，规定了各自的经营范围及其对应的权利和义务，如附图 3-5 所示。

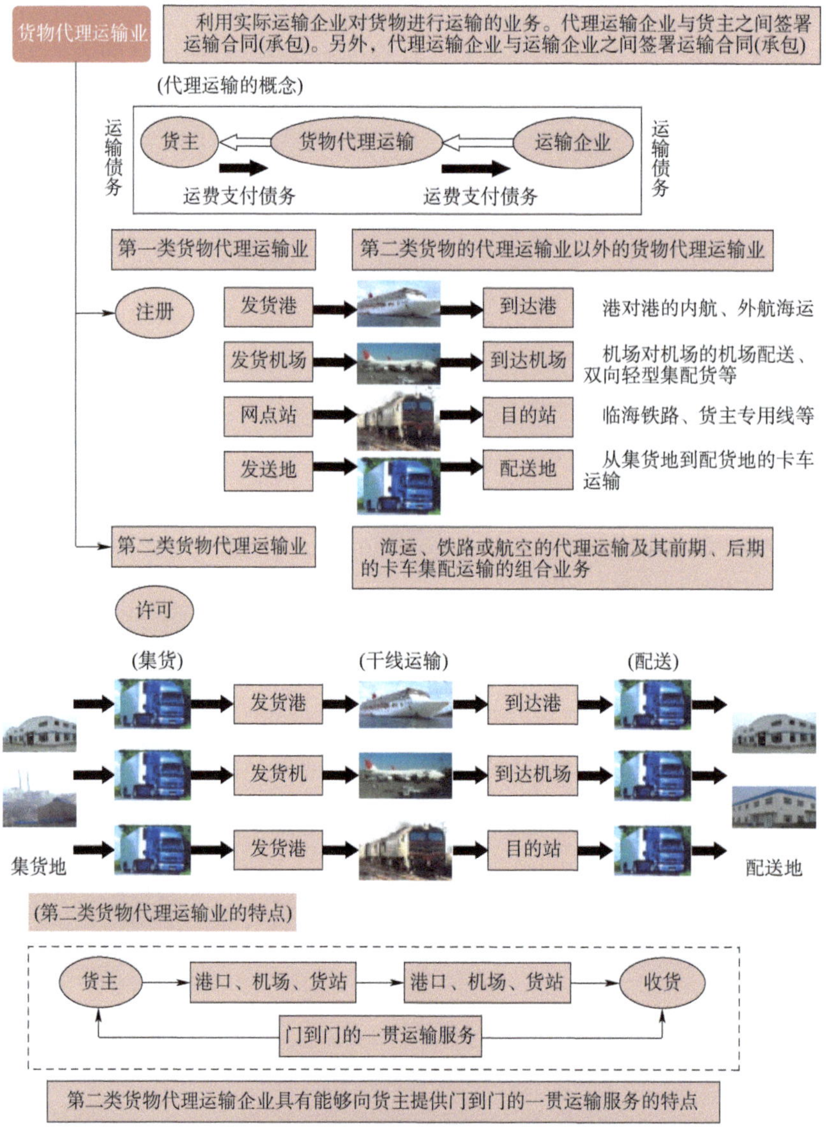

货物代理运输业
利用实际运输企业对货物进行运输的业务。代理运输企业与货主之间签署运输合同(承包)。另外，代理运输企业与运输企业之间签署运输合同(承包)
(代理运输的概念)
运输债务
货主
货物代理运输
运输企业
运输债务
运费支付债务
运费支付债务
第一类货物代理运输业
第二类货物的代理运输业以外的货物代理运输业
注册
发货港
到达港
港对港的内航、外航海运
发货机场
到达机场
机场对机场的机场配送、双向轻型集配货等
网点站
目的站
临海铁路、货主专用线等
发送地
配送地
从集货地到配货地的卡车运输
第二类货物代理运输业
海运、铁路或航空的代理运输及其前期、后期的卡车集配运输的组合业务
许可
(集货)
(干线运输)
(配送)
发货港
到达港
发货机
到达机场
发货港
目的站
集货地
配送地
(第二类货物代理运输业的特点)
货主
港口、机场、货站
港口、机场、货站
收货
门到门的一贯运输服务
第二类货物代理运输企业具有能够向货主提供门到门的一贯运输服务的特点

附图 3-5　货物代理运输业的相关规定

（7）货车运输业法律的限制概况。

日本政府对于货车的限制规定，最初主要是以公路交通、安全规定为中心，后来逐渐引入了产业政策方面的一些措施。1931年制定的《汽车交通事业法》是最初的有关法律，而真正意义上的产业以及事业方面的法规是1948年制定的《公路运输法》。

此项法律是在第二次世界大战后不久制定的，因此受到当时美国方面法律的极大影响。这个法律后来虽然经过多次修改，但是到1989年为止的40多年间基本上一直是日本汽车货物运输的基本法律。目前针对货车运输业的事业法是1989年制定、1990年实施的《卡车运输业法》。该法律放宽了以往对货车运输业的限制，包括放宽进入货车运输业的条件以及放宽和废除关于运费的限制。在法律实施以来20多年的时间里，围绕日本的货车运输事业出现了各种问题。特别是如何面对环境问题、安全问题以及劳动力不足的问题，已成为当时的重要课题。《卡车运输业法》的实施，对货车运输业的准入限制由原来基于供需调整限制的执照制放宽为许可制，从而使货车运输企业数量大幅增加，企业不断通过平等、公平、自由的竞争来推进业务活动的活跃化、高效化。虽然受限制放宽的影响，货车运输企业在数量上有了大幅增加，但这些企业基本上都是车辆保有量及员工数较少的小规模企业。2015年，日本车辆保有台数在20台以下的企业占整体的77.5%，特别合载货物运输企业中33%、一般货车运输企业中97%以上为中小企业。

3）仓储业立法

仓储业是物流业的重要组成部分，物流业的现代化离不开仓储业的现代化，现代仓储的发展必然会推动现代物流的发展。在日本，仓储立法被称为仓库寄托，列于其商法的第九章第597~628条，内容极其详细。此后，日本又先后制定了专门的《仓库法》《农业仓库法》等更为细致的相关仓储立法。

（1）《仓库法》的目的。

日本于1956年制定了《仓库法》，其管理对象是营业性仓库企业。其制定的目的，第一是确保仓库业的正当经营；第二是仓库业经营者必须得到运输大臣的许可。

关于其他设施，是根据运输省法令规定标准的结构、设备（结构设备标准），向运输大臣申请，得到许可承担义务。获得许可企业的设施，必须维持符合规定的标准。

（2）《仓库法》的内容。

按《仓库法》规定，仓库有露天仓库、水上仓库、危险品仓库、储藏仓库及冷藏仓库等。《仓库法》（法律）由实施法令（政府法令）、实施规则（运输省法令）组成，包括这些法规的实施规则运行方针，均作为通告发出。

仓库寄托契约是仓库营业人在仓库内为他人保管物品的契约。该契约不以物的交付为成立要件，是诺成契约。仓库营业人必须从卓越管理者的角度来保管接收的寄托物品，如果仓库营业人不能证明自己或自己的雇佣人对寄托物的保管履行了必要的保管义务，就

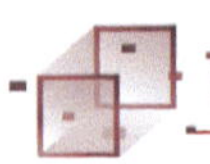

必须对寄托物的灭失或毁损负损害赔偿责任。仓库营业人因寄托人的请求而交付寄托物寄存证券和质入证券，即仓单。日本的仓单立法采取并用主义，所以仓单可以是单券，也可以是复券，寄存证券持有者在非质入期间，不得将寄存证券及质入证券分别让与。仓单可以背书转让，但仓单灭失时，原持有人可以提供相应的担保从而请求重新交付证券。寄托人或寄存证券持有人拒绝受领或不能受领寄托物时，受寄人可以将寄托物提存或拍卖。仓库契约均为有偿契约，仓库营业人可在返还寄托物时请求给付保管费用，也可以定期收取保管费，也可在寄托人不履行给付保管费的义务时留置寄托物。

此外，日本仓库协会提供关于闲置仓库出租的平台，客户可以免费自行查询，跟有关仓库业主联系，这种做法保持了仓库的高利用率。根据日本国土交通省统计资料显示，日本仓库面积在没有增大的情况下，产值却上升，收益增加。

4）绿色物流立法

过去，日本也曾为追求经济快速发展而忽略了环境问题，结果造成城市交通拥挤、公害频繁发生，在经济发展过程中也留下惨痛教训。因此，近年日本的各类经济发展规划都强调了环保性。日本政府对绿色物流业除了具体规划和强大的资金支持外，还非常注重为绿色物流业发展提供良好的制度保障。通过制定一系列政策来控制物流污染，并加大政府部门的监管和控制作用，包括绿色包装、绿色运输、资源利用与环境保护类法规等法规。

㊂ 基于日本经验的借鉴

（一）建立完善的物流统计体系

从日本经验来看，为了更深入地把握物流统计信息，日本很早就开始对物流统计信息进行连续的调查与跟踪，日本政府和物流协会在物流统计信息收集过程中发挥着重大作用。日本政府依托相关物流协会，收集物流统计信息。在物流统计信息收集方面，日本的各个物流协会已成为日本政府与物流企业的信息沟通桥梁，一方面，接受政府委托开展全国性普查和调研，为政府提供可靠的基础数据；另一方面，把企业物流活动中存在的困难和问题以统计数据的形式如实反映给相关政府部门。在帮助政府收集统计物流信息的同时，通过物流信息的研究分析，起到咨询服务的作用。长期以来，日本的物流协会严格、准确地进行了数据收集、汇总统计。日本政府根据物流统计数据反映出的结果，制定一些引导性政策和规范，促进日本物流业向既定的方向发展。

我国的物流统计制度于 2004 年 10 月建立，已形成社会物流统计、物流业景气指数、公路运价指数、仓储指数、电商指数、快递指数等系列指数。其中，制造业采购经理指数（Purchasing Managers' Index，简称 PMI）自 2005 年 7 月首次发布以来，已成为国内知名、世界有影响的观察中国经济走向的重要“风向标”。

但是，我国当前的物流调查无论在统计方法、数据结果、开放程度方面均与日本这类发达国家存在巨大差距。

在统计方法上，我国仍停留在传统的依托运输网络（枢纽与通道）获取的运量统计形式，对直接针对货物本身流动的调查尚处于摸索和尝试阶段；所获取的数据结果为运量、货种、货运结构等宏观指标，而对货物起终点的OD量数据仅为推算数据。

在开放程度上，日本无论是全国层面还是都市圈层次的物流调查，均已形成定期发布制度，并对科研机构、企业单位实现开放共享，有助于从国家政策、学术研究、企业实践等多个层面形成对物流行业的指导、改进、优化，促进物流行业快速发展。

因此，应学习日本的经验，建立起完善的我国物流统计体系。

（1）要消除各个企业、各个行业由于各个地区之间物流统计信息口径不一致而带来的物流统计数据混乱、重叠、说服力差的现象。企业物流数据的规范和统一是物流调查方案开展实施的前提。当前我国物流相关企业的数据参差不齐，某些大型企业和电商已积累了一定的数据资源，但相互间格式欠统一且无法共享，其他企业则缺乏统计、数据不完善。应结合物流调查体系的要求，制定企业货物流动的规范化报表格式，鼓励企业搭建物流信息平台，为数据采集提供连续、口径统一的数据基础，同时探索和建立数据开放共享机制。

（2）我国应充分发挥政府和行业协会在物流统计信息收集上的作用，政府要从各方面引导支持物流统计工作顺利开展，并对物流统计信息进行持续追踪。同时，我国物流协会也要充分发挥自身优势，积极参与物流统计信息收集工作，起到企业和政府物流信息传递的中介职能。

（3）加快开展我国货运需求调查的前瞻性研究。货物运输因货物类型不同在时间和空间组织上均与居民出行存在很大差异。货运的空间组织跨度广，以东京都市圈内的物流活动为例，其涵盖了区域间物流、都市圈内部物流和城市配送不同范围、不同频次的运输活动。同时，货运与产业（流通）、空间（用地）具有很强的相关关系。为提高货运调查的可用性，把握物流组织与产业、空间的内在规律，建议尽快开展货运调查工作的前瞻性研究，结合我国货运组织的特征，依据物流调查的研究范围和目的，合理确定调查精度，研究并制订相应的物流调查方案，科学界定货物流动的定义、调查对象、调查抽样率和方案内容等。

（4）远期将货运调查纳入综合交通调查体系。实现客货运规划的双轨并重、协调发展是综合交通体系规划的发展方向。尽管当前物流统计水平比较落后，但是可以预见，在互联网、大数据技术的推动下，我国物流数据将会取得飞速发展，形成高效的统计和分析方法及建模工具，从而支撑货运规划水平的提升。从长远来看，建议将货运调查纳入综合交通调查体系，为城市综合交通体系规划提供定量基础。

（二）制定系统的物流法律法规

日本接受物流概念的时间比我国早几十年，因此日本意识到物流立法的重要性也很早。日本的法律制度发达，因其既受到了德国等大陆法国家的影响，又在第二次世界大战后有意识地学习了英美法系的一些内容。现在的日本法律体系具有了两种法系的特征；对于物流立法，日本坚持以本国基本国情为立法之本，而且日本围绕着物流展开立法工作之前均对立法所适用的基本原则以及目标予以明确，同时阐明应坚持的基本精神，其立法具有强烈的目的性和规划性，因此日本的物流法律规定对物流业产生的影响和作用也十分明确，如《铁路运输法》《仓库管理法》《中小企业流通业务促进法》等。另外，日本在经济方面的立法一向坚持加强法律对政府公权力的限制，争取企业自主经营权利最大化，以保证市场竞争不受公权力的影响，物流领域的立法也不例外。日本的物流法律制度非常完善，基本涵盖了物流主体、物流法律关系等物流活动的每一个环节，法律规定得非常详尽，而且其物流条款的操作性很强，物流主体的物流行为完全受法律的指引，因此能十分有效地规避物流纠纷的出现，并对已经出现的物流纠纷在第一时间进行缓和和化解。日本物流行业和物流市场的发展，完全处于日本物流法律制度的监管以下，使日本物流业在国际上保持强大的竞争力。通过近年来日本物流业的发展状况来看，《新综合物流施政大纲》的实施在推动日本物流业发展方面起到了无可替代的作用。尤其是针对网购业的蓬勃发展，更是提供了巨大的助力，以此推动日本物流业朝着网络化以及信息化的方向持续发展，切实推动日本物流行业战略转型的实现。此外，《新综合物流实施大纲》使日本各地物流法律规范有机联系起来，整体构成的物流法系统兼具了便捷和效率，日本物流法律制度的革新确保了日本物流行业在新经济形势下的健康发展，并促进了日本物流业在国际物流市场的发展。

我国还没有出台一部系统的物流法。现行调整物流法律关系的法律法规涉及物流活动的各个环节和各个方面，它由法律、法规、部门规章等组成，具有不同的有效性。因此，应学习日本的经验，制定出我国系统性的物流法律法规。

（1）利用国家对物流领域的立法行为调整物流行业结构并促进物流市场的形成与发展。我国物流业在市场经济中的发展已经较为成熟，物流行业的规模以及涉及的其他行业都使我国物流产业成长为一个庞然大物。现在，我国物流业正处于发展的黄金期，但物流市场竞争混乱、交易标准不一、消费者与物流企业之间的纷争众多等复杂情况均成为限制物流产业发展的因素，我国物流行业政府管理部门的行政手段没有改变物流业的发展乱象，而市场规律也不能对此起作用时，应当通过国家立法来规范物流市场和物流行为。借鉴日本，我国也应针对物流领域中不同环节的特性和各环节之间的联系进行物流立法，如此可以对物流法律规范的各方面进行查漏补缺，有利于物流法律制度的完善，对物流业的发展也能起到推动作用。

（2）物流立法应当符合我国基本国情，并且与物流业的发展时期相对应，及时更新物流法律规范文件。日本的物流立法都随本国物流发展形势的变化而变化，物流立法的目的应当适应物流行业的发展目的，这样物流法律规范才能保障物流业的发展。同时，日本的立法机构根据经济发展形势及时改变立法规划、颁布合理法律文件，尽量减少了法律规范的滞后性，对于物流立法的相关工作一直保持着积极态度。对于我国而言，因我国国土面积广大、经济区域发展不均衡等因素，我国物流行业的发展程度也各不相同。因此，我国物流立法也应立足于我国基本国情，加大对物流立法的重视程度，因势利导地进行物流立法工作，但是要满足国家各个地域及各个领域的物流业发展需求，我国的物流立法要克服的问题还有很多。

（3）物流立法应既要把握宏观调控，又要注重细微问题。日本物流立法的一个特点是既把握物流产业的发展方向和规范物流行业竞争等问题，又重视物流行业涉及的装卸货物工作标准、设备安全操作标准等细微之处。因此，我国物流立法也应该合理把握宏观与微观之间的关系，不仅应该构建物流法律制度的框架结构，还应当着眼物流企业面临的实际困难；既要进行物流法律法规的相关理论研究，也应该进行深入的物流市场调研，如此，才能完善我国物流法律制度。

（三）引入物流管理 KPI

2018 年，我国社会物流总费用占 GDP 的比例为 14.8%，而日本在 2010 年时该比例就已经降到了 11%（同期我国为 18%）。

日本企业通过各种具体措施降低物流成本，在物流成本控制上已经获得了良好的绩效，形成了全面的物流管理体系和运作流程，而且还制度化地实施了物流成本的监控和管理。根据日本物流协会的调查，2016 年，69.4% 的企业已经开始使用物流 KPI（Key Performance Indicater，关键绩效指标），部分使用的企业为 11.8%，两者合计占 81.2%。另外，计划使用的企业为 8.3%，还有 7.1% 的企业正在研讨中。总之，在日本已经使用、今后准备使用、今后可能使用物流 KPI 的企业已经超过 96.6%。

引入物流 KPI 实现了以下 6 个目标：

（1）了解本企业的经营状况。多数情况下，需要通过公布反映经营状况的计量数据，企业各部门才能够明确业绩动向和需要改善的问题点。

（2）了解企业在行业所处的水平。将本企业的经营状况与行业的平均水平进行比较，明确自身所处的水平。

（3）对企业进行业绩评价。为了能够合理地评价物流部门的业绩，有必要计量和评价物流部门对企业经营指标的贡献程度。

（4）进行决策。为了帮助管理者进行准确的经营决策，有必要按月或其他频次适时掌握正确的数据。

（5）分析企业的问题。物流成本等财务指标只反映经营结果，而在分析成本增加的原因和对策时，还要通过非财务指标进行分析。KPI 中不仅有财务相关的指标，而且还包括反映原因的相关指标。分析这些指标就能分析原因，改善经营状况。

（6）对企业进行综合管理。物流管理需要进行跨部门的管理，如果各部门都各自为政，物流管理就是一句空话。在物流领域，对各部门进行综合管理时，物流 KPI 可以发挥重要作用。

借鉴日本的经验，建议我国各企业引入物流管理 KPI。

（1）企业经营与物流管理。

从经营目标与物流管理的关系来看，提高顾客服务能够增加销售收入，通过降低物流成本和生产成本，来降低整个企业的成本。

在资金运用方面，通过压缩库存可降低流动资金。因此，仓库中存放产成品、半成品、原材料等就是一种浪费。另外，生产出来的产品如果不能销售，就不能收回现金，企业现金流就会出现问题。

企业可以通过物流业务外包和共同配送，减少自有货车、仓库等设施数量，从而使这方面所占用的固定费用减少，实现社会化公共服务。

（2）物流管理期间与周期。

物流管理与其他领域的管理一样，也需要按一定时间制订中长期计划、年度计划、月度计划等，并按这些计划实施。长期计划与企业战略因素相关，短期计划与企业日常业务运营相关。在确定物流领域的服务目标时，都要综合考虑企业整体的管理目标。

在构筑巨额投资的物流系统时，需要制订与中长期经营目标相一致的计划。为了削减库存，可进行物流节点的集约化，以及中转型物流中心的建设。

按期间制订计划，需要按 PDCA 周期反复进行修订。PDCA 是指计划（Plan）、实施（Do）、检验（Check）、改善（Act）。在此周期中，尽量将目标实现指标化，并对业绩进行检验以及修订计划。因此，很多企业在物流管理中应制定 KPI 并进行相应管理。

（3）主要业绩评价指标（KPI）体系。

不管何种领域，制定 KPI 时有必要综合考虑企业的经营指标，并与之形成一种相互关联的体系。

其中，最基本的经营指标 ROA（Return On Assets，资产收益率）与物流管理有直接的关系。在设定物流 KPI 时，可综合考虑直接影响 ROA 的相关因素并与之相关联。

BSC（Balanced Score Card，绩效考核方式）也是具有代表性的经营评价指标体系之一，其基本特征是从财务、顾客、内部业务流程，以及机构、学习和成长共 4 个方面评价企业经营状况，特别是内部业务流程与物流管理有较大的关系。

SCOR（Supply Chain Operation Reference Model，供应链运作参考模型）是美国供应链协会开发出来的一个评价指标体系，它从顾客所需的信赖性、灵活性、反馈性以及经营业绩相关的成本和资金利用情况 2 个方面制定并定义了 KPI 体系及其相关内容。

特别地，在制定物流管理 KPI 体系时，要重视其与经营指标的关联性。

（四）发展先进的物流技术

在日本，日本构造的物流网具有 5 层构造的网络，其各层的机制设计和基础设施的网络化关系整体的一体化和优化，同时，物流联网系统、电子数据交换系统、销售时点情报系统（Point of Sale，简称 POS）、企业资源计划（Enterprise Resource Planning，简称 ERP）系统、连续补货系统（Continuous Replenishment Practice，简称 CRP）、无线射频识别技术（RFID）系统、全球定位系统（GPS）、配货配车系统、输送过程信息系统等都早已被广泛应用于订货、库存管理、配送等物流环节，极大地提升了物流的效率、促进了社会生产。与日本相比，我国物流业的信息化程度仍处于较低的水平。目前，我国仅有 39% 的物流供给企业具有物流信息系统，且对于日本物流业早已广泛应用的 EDI、RFID 等技术，在我国的应用仍不甚理想。我国的物流信息化仍存在信息化投资率低、信息化人员占比低、物流软件应用程度低、信息化交互方式应用程度低等问题。因此，5G、物联网、人工智能、大数据等新进的信息技术的飞速发展，对我国物流业信息化发展来讲是机遇也是挑战，我国应该抓住新科技革命的战略机遇，努力提升物流科技和信息化水平。

科学技术是第一生产力。只有采用科技进步成果，提高物流运行的科技含量，才能推动物流业不断转型升级，转换发展动能。结合当下，要加快推进智慧物流发展，要制定智慧物流的专项规划，编制智能物流技术装备的路线图，开展重大智能技术装备的科技攻关等。

（五）构建四方联动绿色物流系统

改革开放后，我国经济飞速发展，但是粗放的生产与消费方式造成资源巨大的浪费。“十三五”时期，随着我国经济转型以及经济全球化发展的进一步深入，绿色物流与企业生产、消费者生活之间的关系越来越密切，其必要性得以充分显现。日本的绿色物流发展体系，可为建立符合我国发展的四方联动机制提供参考，如附图 3-6 所示。

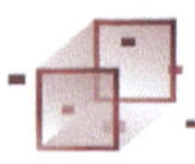

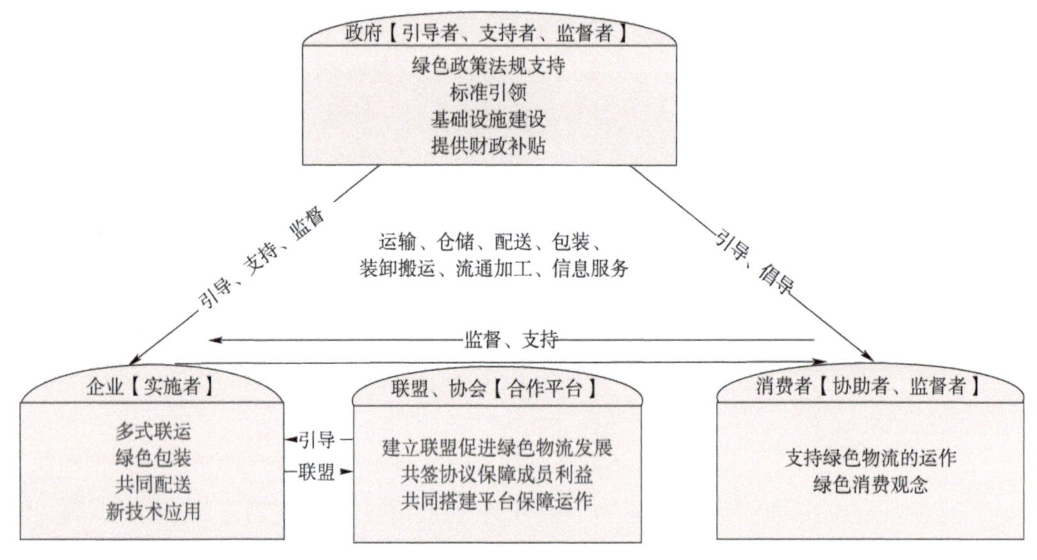

附图 3-6　绿色物流四方联动发展机制

1. 政府层面

在绿色物流四方联动发展机制中，政府应通过颁布相关政策法规以成为绿色物流的引领者、支持者、监督者。首先，由于我国物流业涉及的相关责任部门众多，在提出政策时缺乏统一的协调性和一致性，物流相关的政策推行效力低下，不利于政策颁布后对完成情况的监管。其次，我国绿色物流相关政策法规起步较晚，物流法律体系尚不完善，现如今暂未颁布“物流法”，也没有专门的绿色物流相关法律。一旦等到问题出现后，再进行立法或政策扶持，可能会在很多方面造成法律空白。此外，很多条款规定内容大多为原则性条款，对企业的指导作用并不明显，这也给企业的物流行为留下不少可逃避监管的空间。又如，我国的物流政策在制定时缺乏量化的指标，企业或相关责任方在具体实施时缺乏合理的导向和目标，不利于政策的实施。值得关注的是，近几年来我国颁布的交通运输、城市建设、物流等相关法律、政策均将绿色物流的概念纳入其中，体现出国家对绿色物流发展的高度重视。今后，各级政府部门可从以下 2 个方面加强对绿色物流的引导和支持作用。

（1）完善绿色物流政策、法规体系。

立法机构可专门为物流领域立法，为各级政府监管提供切实可行的法律依据，完善企业物流法律体系。由于建立绿色物流政策体系需要各地区、部门、环节的协同发展，所以政府制定政策时应统一各相关部门的目标。以国务院或国家发展和改革委员会推行制定的纲领性政策文件，来引领各责任单位制定具体方针政策，进而合理规划物流系统，整合资源，推进绿色物流的发展。各责任单位在制定政策时，应有具体的控制政策及量化指标，以便更好地落实监管工作。为了鼓励企业实施绿色物流，政府可在运输方式、空气污染、绿色包装等方面提供补贴，通过税收政策刺激企业物流绿色化的转型。

（2）加快物流基础设施的建设。

基础设施建设是我国绿色物流发展的基础，我国应在多个方面加强物流基础设施建设。其中，在推进多式联运过程中，我国公路、铁路运输标准不统一且转换困难，节点基础设施功能不齐全，缺乏衔接设施。为了推进绿色物流的建设，可从以下 3 个方面推进。

①加强我国在多式联运节点的设施设备建设，尤其是城市公铁联运，保证多种运输方式转换的畅通。在重要节点规划布局一批具有多式联运服务功能的物流枢纽，推进铁路、水路、公路等方式的衔接。在城市建设中，鼓励铁路基础设施建设，完善与公路之间的衔接，组织开展多式联运示范工程，提高多式联运占比。在城市外端建立大型集配中心，减少货车进入城市内部的频次，进而有效减少城市污染。

②鼓励城市末端回收节点的布局建设，完善末端回收节点的功能，加强废弃物回收和循环利用，达到节能减排目标。此外，也可建立海上废料回收站等设施，减少对环境的污染。

③推进托盘、集装箱标准化，鼓励发展公路甩挂运输，将托盘、集装箱有效地运用到运输过程中。

2. 联盟层面

在绿色物流四方联动发展机制中，联盟应作为我国绿色物流的促进者来推进绿色物流的实施。以我国快递业为例，伴随着国内电商的不断发展，快递所带来的环境问题尤为突出。为了更好地实行绿色物流，我国由菜鸟网络科技有限公司（以下简称“菜鸟”）、北京京东世纪贸易有限公司（以下简称“京东”）等电商龙头企业带领建立联盟以寻求更多的合作伙伴。这些龙头企业联合其他企业、高校、研究所等建立了一些合作组织或实验室。2016 年，菜鸟联合 30 多家企业开展环保行动，成立了我国首个绿色物流公益基金。2017—2018 年，菜鸟、京东等龙头电商相继联合合作企业与高校来推进可降解、可回收包装的普及应用。联盟的形式为我国绿色物流的发展带来了新平台，新能源、绿色包装、回收包装联盟等绿色物流领域的组织，使企业在其中获得发展新契机。

与日本不同，我国联盟大多数由企业带领，而日本则由专门的机构所构成。机构与企业的关系是监督与被监督，机构有一定的自主权和优惠权。未来我国联盟的发展可扩大至更广泛的范围，接受消费者的监督，得到更多消费者的支持，国家也应给予联盟一定的政策优惠，以促进我国绿色物流进一步集成化发展。

3. 企业层面

在绿色物流四方联动发展机制中，企业应作为承担社会责任的绿色物流实施者。我国企业推进实施绿色物流有两方面必要性：一方面，随着全球一体化进程的进一步推进，壁垒的形式由传统的关税及非关税逐渐转向环境壁垒，ISO 14000 成为众多企业进入国际市场的通行证。国际标准的主要设定思想是为了预防污染并不断改进标准，这要求企业在环境管理上有更高的要求，对产品、服务进行精细化管理，降低对环境的影响，对我国大多企业走向世界而言既是挑战也是机遇。我国大多数企业绿色物流发展较晚，但是绿色物流的发展是推动其走向世界的必然选择。另一方面，我国逐渐重视对环境、资源的保护，企业为了可持续发展，必须解决其经济活动中的环境问题，建立可持续发展的绿色物流体系，以提高竞争力。企业可以通过实行共同配送、推行绿色包装、研发新技术等方式来促进企业绿色物流体系的建设。

（1）共同配送体系建设。

现阶段，我国城市商圈、批发市场等地的物流作业组织主要以分散的个体为主，个体之间缺乏合理的物流资源整合能力，也缺乏统一的组织进行协同合作，推进企业共同配送的发展。近年来，我国共同配送的平台发展迅速，但共同配送的信息平台普遍存在散、乱现象，平台之间竞争缺乏合理的监管机制，难以做到资源的高效利用。因此，可从以下3个方面推进我国共同配送的建设：

①推进共同配送公共信息服务平台的建设。在不改变企业现有相关资源产权基础上，需求企业可以紧密建立合作关系。依托于城市的物流骨干网络或龙头企业现有资源，改造或重新搭建共同配送平台。通过信息的对接共同实现企业、区域、城市之间物流信息的传递，促进社会资源的有效利用。

②支持以区域为单位建设共同配送基础设施工程。充分利用现有资源进行共同配送体系的基础设施建设。通过组建新组织或现有合作形式形成企业之间共同配送的合作模式，共同构建绿色的城市物流共同配送体系。

③促进零售行业实施共同配送。由于零售行业需求频次高、数量小，所以要大力支持商贸、物流企业以联盟、共同持股等多种方式开展共同配送，鼓励连锁企业、网络零售企业进行技术创新，构建新型现代化配送体系。

（2）推进逆向物流的发展。

企业可从以下2个方面推行逆向物流的发展：

①基于企业自身积极投入逆向物流体系的建设，实现与正向物流的有效衔接，并综合企业成本和客户价值、平衡产品设计、生产、流通等过程。

②基于供应链视角，与上游供应商，下游消费者以及第三方物流企业等主体建设循环物流体系。其中，可采用回收箱、回收废弃物等方式，减少浪费，对废弃物进行快速回收、分类、处置。

（3）促进物流技术的应用。

制造企业通过加大研发投入力度，加快技术创新步伐，找到替代燃料发动的技术。在研发的过渡时期，企业应以高效率、低排放的方式利用现有燃料，降低尾气中的有害成分，减少空气污染。此外，物流企业应加速对绿色包装的开发研究，选用可降解或可回收的包装，减少环境污染。最后，企业应在仓储、运输等物流过程中引入物联网、RFID 等新物流技术，来有效地监控货物情况，高效地规划物流系统。

4. 消费者层面

近年来，随着环境保护的观念深入人心，绿色物流的发展得到了消费者的广泛支持。2019 年 7 月 1 日，我国在垃圾分类方面迈出了新的一步，上海正式施行《上海市生活垃圾管理条例》，为推动我国垃圾分类起到良好的表率作用。在政府的推动作用下，消费者越来越注重资源回收再利用与环境保护，这将十分有助于我国绿色物流体系的建立。

然而，仅仅依靠消费者层面仍不足以刺激我国绿色物流快速发展。一方面，我国消费者对绿色物流的认知仍不够到位。例如，不少消费者认为推动绿色包装最好的方式为使用可降解包装，但实际上可降解包装在生产加工过程中也会不可避免地造成环境污染，对绿色包装进行有效的回收和再利用才是解决问题的根本之道。另一方面，消费者普遍缺乏对企业实现绿色发展的关注，提升消费者对企业绿色发展的关注程度将有助于督促企业作出改变，走上绿色发展之路。

随着人们环保意识的增强，绿色消费正在成为一种流行趋势。由于企业生产过程中都会涉及物流行为，因此消费者绿色消费不仅能刺激产品绿色化，还可以促进企业物流绿色化。在绿色物流相关政策的实施前期，政府可以社区或其他组织为单位来进行层级化管理，以责任到人的方式实施规范性、强制性的监督管理方式。例如，对包装、回收不规范的消费者进行罚款等。社会应营造绿色消费的氛围，倡导绿色消费，加速企业物流及物流企业的绿色化转型。可通过鼓励消费者主动参与垃圾分类，积极配合企业实行逆向物流。此外，政府或企业可引领推出消费者绿色评价指标体系，消费者参与对企业绿色化的评价，督促企业作出改变。此外，还应提倡共享消费模式促进绿色物流发展。例如，对外卖的容器进行回收。企业还可通过返还押金、积分奖励等系列措施鼓励消费者主动进行绿色消费。

（六）基于 BCP 构建应急物流体系

日本由于其特殊的地理位置以及地质条件，经常遭受地震、台风等自然灾害的侵袭。在设计防灾、救灾计划以及开展防灾、救灾演习上，日本政府形成了以“行政首脑指挥，综合机构协调联络，中央会议制定对策，地方政府具体实施”为特征的应急管理模式，基本形成了从国家到家庭各个层面的储备体系。

发生灾害后，一方面，货主对物流企业提出受灾前是否有应对突发事件的方案、受灾时如何确保卡车的持续提供、受灾后恢复物流业务需要的时间等问题；另一方面，对于物流企业，不可以把物流业务停止的责任归于灾害。否则，物流企业将失去很多货主企业而倒闭。

日本推行业务持续性计划（Business Continuity Planning，简称 BCP），这是一

套基于业务运行规律的管理要求和规章流程，可使一个组织在突发事件面前能够迅速作出反应，以确保关键业务功能的持续性，而不会造成业务中断或业务流程本质的改变。BCP最主要的目标是确定并减少灾害带来的损失，有效地保障物流业务的连续性。在灾害等突发事件发生时，企业的物流业务能力会突然下滑并持续一段时间，业务持续计划的作用就是尽量缩短这个时间。例如，物流企业有10辆货车，如果事先没有制订业务持续计划，10辆货车可能都不能使用。如果事前制订了业务持续计划，其中3辆车可以正常使用，因而可确保30%物流业务。在这期间，物流企业可以抓紧时间尽快恢复全部业务。

从1998年的“特大洪灾”、2003年的“非典”、2008年的“雪灾”和“汶川地震”，到2019年的“新型冠状病毒引起的肺炎疫情”，重大突发事件在不断挑战我国应急物流系统。各种灾害的发生不可避免，但通过应急物流将设备、药品和食品等救灾物资快速、高效地运送到灾区，将损失降到最低，这就是应急物流的目的。因此，如何在有限的时间内、在紧急情况中、在有限资源的限制下，保障物资、人员、资金高效流通，构建我国最优救灾应急物流体系，值得思考。

通过制定业务连续性规划，进行灾害前的业务影响分析、策略制定、业务恢复预案，灾害时的紧急事件响应预案、危机管理、应急物流管理，灾害后的恢复计划和措施，可以对国家的灾害防控、物流企业的应急服务进行规范化管理，实现防止各类灾害等突发事件的情况，从而最大限度降低损失的效果。最终，应急物资的储存与管理、应急货物的运输与配送等问题才能真正落到实处，为应急事件的解决起到保驾护航的作用。借鉴日本的经验，应基于BCP构建起我国应急物流体系。

1. 采购物流体系构建

（1）供应商的可视化。对于救灾物资生产制造企业而言，首先，要掌握1级供应商包括工厂、生产产品及品种等详细数据。不仅共享1级供应商，还包括2级、3级供应商的信息，甚至要追溯到4级、5级供应商的各种信息。其次，对所有救灾物资的原材料设计图纸都实行数据库化管理，为构筑可迅速替代的原材料生产体系做好准备。然后，要对库存信息实施数据库化管理。当灾害发生时，为建立可替代原材料的渠道做好准备。总之，通过为供应原材料的各个供应商建立系统的信息电子档案，可以有效避免供应链的断链问题。

（2）采购地的分散化。灾害等突发事件发生时，救灾物资生产制造企业，需要从之前的单渠道采购模式向全渠道采购模式发展。目前，虽然1级采购实施分散采购，但2级、3级采购仍然存在集中采购的问题。为改善此状况，可以将2级、3级采购改为在至少2个地方的工厂制作救灾物资的原材料，实现从集中采购向适度分散采购的转化。

（3）原材料的标准化。灾害等突发事件发生时，救灾物资生产制造企业通过变更特殊的原材料设计，并尽可能向通用原材料产品转换，可以将救灾物资原材料设计的标准化作为一项重要的工作。另外，采用从多家供应商实施救灾物资集中购买的采购模式，推进救灾物资原材料的标准化。如果救灾物资原材料工厂在受灾地，其他的工厂马上可以生产可替代的救灾物资原材料。

（4）库存量的增加。灾害等突发事件发生时，救灾物资生产制造企业对于难以替代生产的部分救灾物资原材料，通过要求供应商，提供可以保证灾害恢复期内的库存量。

2. 生产物流体系构建

（1）生产工厂的分散化。之前，为了达到降本增效的目的，生产制造企业工厂大多进行集中分布。即使由于产业转移，工厂的数量减少，也会出现在同一地区有多个工厂集中的现象。同时，由于产业集聚，还存在虽然有多个工厂，但每家工厂只生产 1 种产品的情况。灾害等突发事件发生时，从救灾物资供给侧出发，为了避免出现救灾物资生产停滞的情况，救灾物资生产制造企业需要重建生产体系，从原有的生产节点集中分布向生产分散化转变。同时，与有资本互补效应关系的企业之间，需要建立生产互补体制。随着生产工厂数量的增加，可以提高救灾物资的生产数量、质量、速度，并改善其生产体系。

（2）其他工厂的替代生产。在灾害发生时，如果有生产替代体制的存在，即使工厂受灾，也有在其他地区的工厂，故很快可以重新开始进行生产。因此，一方面要通过建立替代生产体制进行替代生产；另一方面，在多个相互间距离远的生产工厂之间，可以建立生产同种产品的平行生产体系。

（3）企业的内部生产化。在灾害发生时，救灾物资生产企业由于大多数原材料通过外包生产，可能导致产品整条供应链断链。为此，救灾物资生产企业需要进行部分分散生产，同时，改善其在国内的生产体系，通过实施企业内部生产，实现生产功能的企业内部生产化，以此降低风险。

（4）重新评估工厂的布局。以前，工厂的生产节点、物流节点主要集中分布在大城市、交通枢纽城市。在灾害发生时，这些中心城市可能受灾也非常严重。因此，生产节点、物流节点的布局，需要从产业集中地向非集中地进行转移。

参 考 文 献

[1] 刘熙瑞 . 服务型政府——经济全球化背景下中国政府改革的目标选择 [J]. 中国行政管理，2002（7）：5-7.

[2] 厉以宁 . 中国经济双重转型之路 [M]. 北京：中国人民大学出版社，2013.

[3] 中国人民大学经济研究所 . 中国宏观经济分析与预测 [M]. 北京：中国人民大学出版社，2019.

[4] 李程伟 . 社会管理体制创新：公共管理学视角的解读 [J]. 中国行政管理，2005（05）：40-42.

[5] 胡鞍钢 . 中国国家治理现代化 [M]. 北京：中国人民大学出版社，2014.

[6] 马仲良 . 论社会管理体制改革 [M]. 北京：中国人民大学出版社，2007.

[7] 刘伟，张辉 . 中国经济增长中的产业结构变迁和技术进步 [J]. 经济研究，2008，043（011）：4-15.

[8] 宋华，胡左浩 . 现代物流与供应链管理 [M]. 北京：经济管理出版社，2000.

[9] 时良平，戴国斌 . 邮政及物流设备设计 [M]. 北京：人民邮电出版社，2011.

[10] 张晓 . 大数据对供应链物流管理发展影响 [J]. 中国商论，2020（24）：47-48.

[11] 王先庆，李征坤，刘芳栋，等 . 互联网 + 物流 [M]. 北京：人民邮电出版社，2015.

[12] 张康之 . 寻找公共行政的伦理视角 [M]. 北京：中国人民大学出版社，2012.

[13] 郑巧，肖文涛 . 协同治理：服务型政府的治道逻辑 [J]. 中国行政管理，2008（07）：48-53.

[14] 何黎明 . 我国物流业 2020 年发展回顾与 2021 年展望 [J]. 中国流通经济：1-6.

[15] 刘勇凤，李弢，Richard Gluck，等 . 美国货运物流管理体制及政策研究 [J]. 运输经理世界，2020（02）：94-97.